교육의 역사와 철학 시리즈 ⑧

# 개혁교육학

최재정 지음

Reformpädagogik

학지사

# 편집자의 말

편집자는 학지사 김진환 사장의 깊은 이해와 지원으로 '교육의 역사와 철학' 총서 20권을 편집할 수 있었다. 이는 여러 가지로 의미 있는 일로, 김 사장께 진심으로 감사드린다.

편집자의 말을 쓰면서 출판사 사장에게 감사부터 하는 경우는 거의 없다. 그러나 편집자는 이러한 없는 경우를 예외적으로 수용해 본다. 왜냐하면 오늘날처럼 순수한 학술서적의 출판이 어려워진 때도 별로 없기 때문이다. 출판을 기업으로 하는 사람은 필연적으로 이익을 창출하여 함께 데리고 있는 식구를 먹이고 사업도 키워야 한다. 그런데 학술서적의 출판은 최소한의 이익 창출을 보장하지 않고 있다. 이런 이유들로 인해 그 의미를 더 강조하고 싶다. 그러한 서적과 총서의 출판이 우리의 교육학계에 주는 의미가 얼마나 중차대한지를 강조하고, 이러한 출판이 동시에 출판사에도 좋은 일이 되리라고 전망해 본다. 김진환 사장은 고맙게도 우리의 그러한 주장을 그대로 받아들이셨다.

우리나라에서 학술서적은 교재와 참고서 중심의 출판으로 이어져 왔다. 최근에 들어와서 개론의 틀을 벗어난 전문서적들이 활발하게 출판되고 있으나, 상황은 여전히 어렵다. 교육학계도 예외가 아니다. 그래서 깊고 전문적인 연구의 결과를 단행본으로 출판하기는 저명한 교수가 아니고는 참으로 어려웠다. 출판의 풍토가 이렇다 보니 참고서, 총서, 사전류 등이 개론적 서술의 성격을 띤 교재로 활용할 수 있도록 기획될 수밖에 없었다.

편집자는 '교육의 역사와 철학' 총서로 이러한 한계를 뛰어넘는 모험을 하였다. 일차적으로 모두 20권으로 기획된 총서는 글자 그대로 교육의 역사와 철학에서 기초가 되는 사상들을 정선하여, 이 분야에 깊은 조예를 쌓은 학자에게 역사적이고 조직적인 서술을 부탁하였다. 예를 들면, 『인본주의 교육사상』의 집필을 김창환 박사에게 부탁하였으며, 이 책에서 편집자는 인본의 어원과 개념에 대한 명쾌한 설명을, 인본주의 교육사상의 역사적이고 조직적인 전개에 관한 권위 있는 서술을, 오늘에 미친 영향사와 사상사적 의미를, 그리고 권위 있게 제시한 이 분야의 참고문헌 목록을 접하기를 기대하고 있다.

이러한 관점에서 편집자는 하나의 사상을 1,200매 내외의 원고 분량에 최적으로 담을 수 있는, 그 분야에서 가장 조예가 깊다고 알려져 있는 저자를 찾았으며, 교육학의 기초가 되는 사상과 운동과 개념을 정선하였다.

'교육의 역사와 철학' 총서는 다음과 같다.

제1권 인본주의 교육사상(김창환), 제2권 자연주의 교육사상(주영흠), 제3권 계몽주의 교육사상(이상오), 제4권 박애주의 교육사상(오인탁), 제5권 비권위주의 교육사상(박용석), 제6권 실존주의 교육사상(강선보), 제7권 교육인간학(정혜영), 제8권 개혁교육학(최재정), 제9권 진보주의 교육사상(박영만), 제10권 정신과학적 교육학(정영수), 제11권 사회주의 교육사상(심성보), 제12권 비판적 교육과학(황원영), 제13권 분석적 교육철학(유재봉), 제14권 도덕교육사상(남궁달화), 제15권 평화교육사상(고병헌), 제16권 발도르프 교육학(정윤경), 제17권 대안교육사상(송순재), 제18권 예술교육의 역사와 이론(고경화), 제19권 페미니즘 교육사상(유현옥), 제20권 홀리스틱 교육사상(송민영).

이상 20권에는 민족주의 교육사상, 현상학적 교육철학, 종교개혁의 교육사상, 포스트모더니즘 같은 중요한 사상과 철학들이 많이 빠져 있다. 그래서 편집자는 다만 교육철학과 교육사학의 영역뿐만 아니라, 교육과 교육학에 관심을 가지고 있는 모든 사람들이 필연적으로 읽어야 하는 기본서로 기능할 수 있기를 바라는 마음으로 총서를 지속적으로 보완해 가고자 한다.

2003년 3월

오인탁 · 강선보

# 머리말

인류의 역사 속에서 이른바 근대적 의미에서의 공교육제도가 '학교교육' 이라는 형식을 빌려 국가적 차원에서 광범위하게 정착되기 시작한 이래 어느덧 200여 년의 시간이 흘렀다. 그동안 '학교' 는 싫건 좋건 우리 인생에서 가장 역동성이 넘쳐 흐르는 시기라고 할 수 있는 아동기와 청소년기 전반을 점거하는 공간으로서, 학교교육은 그 시기 이후 우리 삶 전체의 구체적인 형식과 내용을 결정하는 사회적 기제로서 그 기능을 담당해 왔다.

그러나 언제부터인가 몇 세기에 걸쳐 신성시되어 온 학교교육에 대해 심각하게 의문이 제기되고 있다. 프랑스의 문명사가 아리에스(Philip Aries)는 근대적인 학교교육을 장기적인 감금 과정이라고 칭하였으며(Aries, 문지영 역, 2003), 이와 유사한 맥락으로 푸코(Michel Foucault) 역시 학교의 기원을 감옥의 발생적 역사에 비유하여 설명하고 있다(Foucault, 오생근 역, 1994). 비슷한 시기에 지구 반대편 대륙에서 라이머(Everett Reimer)는 과감하게 학교교육 전체에 대한 사망 선고를 내렸으며(Reimer, 김석원 역, 1982), 최근 들어 포스트맨(Niell Postman) 또한 '교육의 종말' 에 대해 논하고 있다(Postman, 차동춘 역, 1999).

이처럼 굳이 세계적인 석학들의 날카로운 지성에 기대어 극단적인 결론에 이르지 않더라도 일상적으로 감내해야 하는 교육의 문제들은 우리를 충분히 골치 아프게 만든다. 국가가 책임져야 할 공교육 전반이 만족스럽게 운영되지 못하여 발생되는 여러 문제를 우리 개인들이 부모의 자격으로서 혹은 교육의 당사자로서 매일 무거운 등짐을 짊어진 채 각자 해결책을 찾아 동분서주하며 살아야 하기 때문이다. 걸음마를 떼기가 무섭게 다양한 종류의 사교육 프로그램으로 하루 종일 스케줄이 꽉 차 있는 아이들, 자기 몸집보다 큰 이민 가방을 책가방 삼아 끌며 조기 유학을 떠나는 청소년들, 그들의 교육비를 벌기 위해 가족과의 생이별도 마다 않는 기러기 아빠 등을 이제 주변에서 그리 어렵지 않게 마주치게 된다. 예나 지금이나 입시제도를 둘러싼 끊임없는 갑론을박, 특히 최근 들어 교육의 양극화 현상과 관련하여 일고 있는 격렬한 논란 등은 사회 전체를 뜨겁게 달구는 핫이슈들이다. 무엇보다 매스컴을 통해 학내 왕따, 폭력 사태, 그리고 학생들의 잇단 자살 소식을 접할 때마다 우리는 학교가 아이들을 결코 행복하게 해 주는 장소가 아니라는 사실을 매번 가슴 아프게 확인하곤 한다.

바로 이러한 맥락에서 우리는 1990년대 이후 한국에서 일고 있는 다양한 형태의 교육개혁 시도에 주목하게 되었다. 일반적으로 '대안학교운동' 내지는 '대안교육운동'으로 부르는 일련의 운동은 현재 한국의 교육현실 속에서 매우 다양한 양상을 띠고 나타나는 문제를 접하여, 이에 대한 대응으로서 저마다 독특한 방식으로 해결책을 찾아 나서는 움직임으로 볼 수 있다. 즉, 기존의 학교교육이라는 형식을 대체할 만한 '대안(alternative)'으로서 새로운 교육 및 학교 프로그램을 제시해 보려는 시도들이라고 할 수 있다.

1990년대 후반부터 하나 둘씩 문을 열기 시작한 대안학교는 현재 초등학교부터 고등학교 수준에 이르기까지 인가, 비인가 학교를 통틀어 공식적으로 집계되는 것만도 100여 개에 달하며, 홈스쿨링과 같이 완전히 개인적 영역에서 이루어지는 대안교육까지 합한다면 그 수는 훨씬 더 늘어난다(민들레 편집실 편, 2006a, 2006b). 각각의 대안학교 혹은 대안적 프로그램들은 그 형식과 내용, 그리고 그것을 통하여 이루고자 하는 교육적 이상의 차원에서 볼 때 지극히 다채로운 양상을 띠고 있어서 그 창의적 실험성 및 가능성은 매우 커 보인다.

이렇듯 한국에서 처음으로 교육에 대한 대안적 시도가 이루어진 이래 다시 10여 년이란 세월이 흘렀다. 이제 그 10여 년간 이루어진 다양한 교육적 실험이 과연 그들이 처음 의도하였던 바와 같이 우리가 안고 있는 교육문제를 근본적으로 해결할 만한 진정한 의미에서의 대안을 제시하고 있는지 한 번 진지하게 점검해 볼 필요가 있을 것이다. 이 책은 바로 이와 같은 필요성에 근거하여 집필된 것이다.

물론, 그간 대안학교 내지 대안교육과 관련된 연구들이 활발하게 이루어졌고, 저서들도 다양한 형태로 출간되고 있음은 주지의 사실이다. 그러나 학문적 차원에서 치밀하고 진지하게 수행된 소수의 진지한 연구서를 제외하고는 대부분이 국내외에서 실험되고 있는 개개의 대안학교 프로그램을 간략히 소개하거나, 현재 한국에서 실제로 운영되고 있는 대안학교들의 현황에 대해 개괄적으로 파악하는 일을 주 목적으로 삼고 있다. 이와 같은 전반적인 경향과 달리, 이 책은 제한된 범위 내이긴 하지만 현재 한국에서 이루어지고 있는 대안학교운동, 대안교육운동이 연원되고 있다고 여겨지는 뿌리를 그 이념사적인 차원에서 밝혀내는 일을 주요 과제로 삼고 있다.

이와 같은 과제 인식은 무엇보다 1990년대 이후 우리나라에서 이루어진 교육개혁의 시도들이 상당 부분 서구 주요 국가에 그 기원을 두고 있는 교육개혁의 사상 및 이론들에서 핵심적인 논점을 끌어내어 현실에 적용한 결과라는 자각에서 비롯된 것이다. 무엇보다 서구의 이론을 도입하는 과정에서 과연 그 이론이 발생하게 된 시대적, 국가적 특수성과 함께 그 이론이 당시 각 국가의 해당 교육현실에 적용되는 과정에서 구체적으로 어떠한 양상을 띠고 나타났는가, 그리고 그러한 경우 어떠한 점들이 현실적인 문제로 부각되었는가 하는 점도 함께 고려되었는지 매우 의문이다.

이 책에서는 이와 같은 문제의식에서 출발하여 서구에서 지난 19세기 말에서 20세기 초에 진행된 교육개혁운동인 '신교육운동', 그중에서도 특히 독일에서 전개된 '개혁교육학(Reform-pädagogik)'에 주목해 보고자 한다. 물론, '신교육운동'이든 '개혁교육학'이든 역사적, 문화적 맥락에서 한국과는 엄연히 구분되는 국가와 다른 시대를 통하여 이루어진 교육운동임은 자명한 사실이다. 그렇지만 그들이 100년 전 안고 있었던 교육문제, 그 문제를 해결하고자 제시한 다양한 대안과 대안적 프로그램을 시행해 나가는 가운데 부딪힐 수밖에 없었던 어려움 등은 현재 우리가 다양한 대안교육적 시도를 수행해 나가면서 불가피하게 안고 가는 문제들과 놀라울 정도로 비슷한 것 또한 사실이다.

옛말에 타산지석(他山之石)이라고 하였다. 이 책에서는 우리와

저들이 시대와 공간을 뛰어넘어 공유하고 있는 공통점과 그럼에도 불구하고 다시금 드러나는 차이점을 살펴보면서, 현재 우리가 직면하고 있는 교육문제를 풀어 나가는 데 어떤 시사점을 얻을 수 있는지 탐색해 보고자 한다.

이 책이 완성되기까지 많은 분의 도움이 있었다. 학문적인 차원에서 저자에게 부모와 다를 바 없는 중요한 역할을 해 주신 은사님들, 특히 전 연세대학교 교육학과 교수이신 오인탁 선생님, 그리고 전 독일 뮌스터 대학교 교수이신 켐퍼(H. Kemper) 선생님과 루드비히(H. Ludwig) 선생님께 제일 먼저 깊은 감사의 뜻을 전하고 싶다. 또한 원고가 완성되기까지 예상보다 꽤 오랜 기간을 지체하였음에도 인내와 관용의 자세를 잃지 않으시고 출판 과정 전반에 걸쳐 세심한 배려를 아끼지 않으셨던 학지사 사장님과 직원 여러분께도 감사드린다.

2008년

최재정

# 차 례

## 제3장 개혁교육학의 시대적 배경



## 제4장 개혁교육학운동의 주요 흐름

## 제5장 개혁교육학의 오늘과 내일

# 제 1 장

## 왜 개혁교육학인가

## 1. 미래 세계와 교육 과제

현재 우리는 세계화, 지식 정보화, 그리고 다양한 가치를 추구하는 다문화 중심주의의 시대에 살고 있으며, 우리 앞에 펼쳐져 있는 미래 또한 그러한 세계적 대세에서 크게 벗어나지 않을 것으로 예상된다(사회와 철학연구회, 2001; 박명석, 2001). 이와 같은 우리의 현재와 미래를 이끌어 나가기 위해서는 당연히 이제까지와는 다른 모델의 인간상이 요구되는데, 그 새로운 이상으로서의 인간상은 다음과 같은 특징을 갖추고 있어야 할 것이다.

첫째, 창의적이며 자신만의 독특한 개별성을 지닌 인간으로서 가장 긍정적인 의미에서의 개인주의를 창출할 줄 인다.

둘째, 지성과 감성, 그리고 육체 등 인간이 본질상 지니고 있는 모든 측면에서 전인적으로 고루 발달한 가운데 조화롭고 안정되며 건강한 삶을 영위한다. 이를 바탕으로 삶을 살아나가면서 닥치게 되는 수많은 시련을 극복할 수 있는 의지력, 인내심을 포함하여 정신적인 차원에서 강인함을 지닐 것이 요구된다.

셋째, 자신의 고유한 개성과 자질을 바탕으로 하여 직업적 차원에서 자신에게 가장 적합한 능력을 최대한 배양하고, 그것을 바탕으로 경제적인 차원에서도 우수한 생산력을 갖춘 직업적 생활을 영위할 줄 안다.

넷째, 이른바 세계화의 시대에 직면하여 국제적인 차원에서 탁월한 경쟁력을 갖춘 유능한 인재로서 구비해야 할 제반 능력을 갖추고 있다.

다섯째, 개성 있고 자주적이면서, 동시에 자신의 주변을 이루는 이웃과 사회 전체를 향하여 열린 마음을 가지고, 그들에 대해 진정한 관심과 아끼는 마음으로 사랑을 표현할 줄 안다.

여섯째, 자신이 속해 있는 공동체에서 일반적으로 가치 있다고 판단되어 통용되는 윤리, 도덕적인 규준을 존중할 줄 알며 지킨다. 즉, 한국의 깊은 역사와 전통, 그리고 고유한 문화를 아끼고 보존할 줄 안다.

일곱째, 자신의 현실적인 삶을 자신을 둘러싼 자연, 환경과 조화시킬 줄 안다.

우리의 성장 세대가 이러한 새로운 이상적 모델에 준하는 사람들로 채워질 때, 우리는 앞으로 전개될 세계화, 지식 정보화, 그리고 다문화 중심주의 시대를 맞이하여 세계를 선도해 나갈 수 있는 주역으로 발돋움할 수 있다는 희망을 품게 된다. 아울러 우리는 이와 같은 희망이 오로지 지금까지와는 사뭇 다르게 이루어져야 할 새로운 형식과 내용을 갖춘 교육활동을 통하지 않고는 결코 실현될 수 없으리라는 점 또한 잘 알고 있다.

반면 현재 우리가 처해 있는 교육현실을 돌아볼 때, 이와 같은 인간상에 부합하는 후속 세대가 현재 한국에서 실행되고 있는 공교육제도를 통해 과연 양성될 수 있을지는 무척 의문이다. 최근 몇 년간 각종 매스미디어를 통해 '학교붕괴' 니 '교실붕괴' 니 하는 표현들을 접하면서, 더 이상 한국의 교육에 대하여 낙관주의적 전망이 쉽지 않음을 절감한다(이종태, 2001; 이한, 2000; 전교조 참교육 실천위원회, 2000). 실로 다양한 양상을 띠고 나타나는 우리의 교육문제에 직면하여 이처럼 우려할 만한 현상의 원인이 과연 어디에 있는지 진단해 보고자 하는 시도 또한 적지 않다.

우리의 교육문제를 대상으로 하여 이루어진 그간의 연구들은 저마다 한국의 교육현실이 안고 있는 문제로 지적되는 점들을 매우 다양하게 서술하고 있으나, 그 문제점들은 크게 다음과 같이 몇 가지로 요약할 수 있다.

첫째, 교육활동 전반에 걸쳐 인간존중의 이념 및 자세가 결여되어 있다. 아동권, 청소년권의 차원에서 각각의 학생들이 독자적인 인간으로서 대우받지 못하고 있다.

둘째, 교육 내용에서 이성주의적 측면과 더불어 특정한 직업과 관련된 기능, 기술 측면에서의 능력과 업적이 지나치게 강조되고 있다. 그만큼 학생들의 감성 및 감정의 차원을 풍요롭게 성장시킬 수 있을 만한 여지가 매우 적다.

셋째, 학생들의 개성, 자질, 창의적 능력이 제대로 배양되지 않고 있다. 학생 개개인이 지니고 있는 자질, 가능성 등이 제대로 발견·육성되고 있지 않으며, '일반교육' 의 차원에서 모든 학생에게 획일적으로 적용되는 공통된 내용이 교육활동의 주를 이루고 있다. 즉, 개별화, 개성화된 교육이 제대로 이루어지지 않고 있다.

넷째, 학생들에게 공동체 의식 내지는 사회성이 결여되어 있다. 특히, 학교현장에서 빈번하게 일어나고 있는 '왕따' 현상에서 극명하게 드러나듯이 학생들 간에 친밀하고 성숙한 인간관계를 맺을 수 있는 자세와 정서적 차원에서의 여유가 없다. 교육활동에서 학우들 상호 간에 긴밀하게 이루어지는 팀워크가 조성되기보다는 개개 학생들 간의 유기적인 관계가 단절된 가운데 폐쇄적, 고립적 활동이 주를 이루고 있다.

다섯째, 교사와 학생 간에 당연히 전제되어야 할 진정한 의미에서의 '교육적 관계'를 찾아보기 힘든 실정이다. 사제 간에 존경과 사랑, 배려의 분위기가 성립되기보다는 서로에 대한 깊은 불신감이 심화되어 가는 상황이다.

여섯째, 교육 내용이 삶 자체와 동떨어져 있다. 현재의 교육 내용은 실제로 현실적인 차원에서 각 학생들의 직업인으로서의 경쟁력을 키워 주지도 못하며, 훗날 성인으로서 각자 개인적인 삶을 살아가는 데 일상생활을 잘 영위할 수 있도록 돕는 교육도 되지 못하는 실정이다. 즉, 현재의 학교교육은 충분히 미래지향적이지 못하다.

일곱째, 학생들로 하여금 문화적 차원에서 제대로 된 정체성을 찾을 수 있는 환경을 제공하지 못한다. 한편으로는 세계화 시대를 외치며 외국어 교육과 더불어 국제 이해의 차원에서 교육을 강조하고 있지만 우리의 역사 및 전통 문화와의 연관성을 지어 주는 일에는 소홀히 하고 있다.

여덟째, 우리의 교육 내용에서 '자연' 및 '환경' 과의 친화성을 찾기 힘들다. 특히, 중등교육으로 올라갈수록 우리의 학교는 입시교육의 압력 속에서 거의 교실 내에서 지식 전달 위주의 교육을 운영하고 있어 학생들이 '자연' 을 직접 체험하고 느낄 기회를 쉽게 갖지 못한다.

## 2. 개혁교육학 연구의 필요성

이렇듯 간략하게 정리된 몇 가지 문제점만 살펴보더라도, 한국에서 현재 이루어지고 있는 공교육 제도를 통해서 앞서 제시한 미래지향적인 인간상에 부합하는 성장 세대를 키워 내는 일은 거의 불가능에 가까운 일로 비춰진다.

바로 이러한 맥락에서 1990년대 이후 다양한 차원에서 우리의 교육문제를 적극적으로 개선해 보고자 하는 취지에서 전개되고 있는 교육개혁의 시도는 우리에게 새로운 희망을 선사한다. 일반적으로 '참교육운동', '새교육운동', 또는 최근 들어 '대안학교운동', '대안교육운동' 등으로 불리는 이러한 교육운동들은 현재 우리의 교육현실에서 지적되고 있는 다양한 문제를 극복하고 더 나아가 새로운 인간상을 창출해 내고자 하는 의도에서 전개되고 있다(이선숙, 2001). 그러나 매우 다양한 형태로 전개되고 있는 이와 같은 교육운동들이 과연 우리의 교육현실 속에서 얼마나 뚜렷한 실효를 거두고 있는지는 의문이다.

1990년대 이후 한국의 교육현장에서 이루어진 교육개혁의 시도들이 미친 영향을 살펴보면 한편으로는 상당히 긍정적으로 평가될 수 있을 것이다. 특히, 우리가 안고 있는 교육현실에 대한 신랄한 비판을 시발점으로 하여 차차 전개되기 시작한 교육운동들을 통하여, 무엇보다도 우리가 겪고 있는 교육문제를 비로소 우리의 의식 수준으로 끌어올려 그 심각성에 대해 자각하기 시작했다고 할 수 있다. 더 나아가 최근 들어 공교육 범위에 속하는 일선 학교에서 일부 개방적인 시각을 가진 교사들에 의해 대안교육 차원에서 시험된 새로운 교육방법이나 프로그램들이 학교 교육현장에서 적극적으로 적용되어 운영되고 있는 사례들도 종종 발견되는 추세다. 이와 같은 점들을 돌이켜 볼 때, 지난 10여 년간 전국 각지에 설립되기 시작한 다양한 형태와 내용을 갖춘 대안학교는 기존의 제도교육에 긍정적인 차원에서 매우 신선한 자극을 주어 왔다고 할 수 있다.

반면 그러한 교육개혁의 시도들을 통해 과연 진정한 의미에서 교육현실이 개선되는 방향으로 나아갔는가, 그리고 앞으로 올바른 방향으로 나아갈 것인가 하는 의문이 여전히 남는다. 당초 의도대로라면 우리의 교육현실을 개선하고자 하는 의미에서 이루어진 시도들이었으나, 실제로는 개악된 방향으로 나아간 점은 없는가, 특히 대안학교 및 대안교육의 차원에서 제시되고 있는 대안과 비전들이 과연 현재 우리가 운영하고 있는 교육제도 전체를 대체할 수 있는 현실적인 것들인가 하는 점에 대해 다시 한 번 심각하게 따져 봐야 할 것이다.

무엇보다 이제까지의 대안교육운동, 대안학교운동이 우리의 교육현실에 미친 부정적인 영향으로서 다음과 같은 몇 가지 문제점을 발견할 수 있다.

첫째, 일련의 새롭고도 다채로운 교육개혁 모델을 우리의 교육현실에 실제로 적용하는 과정에서 과연 그러한 시도들이 얼마나 우리의 역사적, 국가적 특수성을 고려한 가운데 이루어졌는가 하는 점이다. 정부 차원에서든 민간 차원에서든 1990년대 이후와 현재 실행되고 있는 교육개혁의 시도들은 상당 부분 서구 주요 국가들에 그 기원을 두고 있는 교육개혁 사상 내지는 이론들에서 핵심적인 논점을 끌어내어 현실에 적용한 결과들이다(이종태, 2001). 이때 서구의 이론을 도입하는 과정에서 과연 그 이론들이 발생하게 된 시대적, 국가적 특수성과 함께 그것이 당시 각 국가의 교육현실에 적용되는 과정에서 구체적으로 어떠한 양상을 띠고 나타났으며, 그러한 경우 어떠한 점들이 현실적인 문제로 부각되었는가 하는 점들이 함께 고려되었는가 하는 것이다.

둘째, 현재 한국에서 전개되고 있는 다양한 교육운동 중 일부 흐름은 10년을 훌쩍 뛰어넘는 역사를 자랑하고 있다. 그러나 그러한 역사에도 불구하고 아직까지도 한국에서의 대안교육운동 및 대안학교운동을 전반적으로 정리·분석하는 작업은 양적, 질적 차원 모두에서 기대되고 있는 만큼 충분히 이루어지지 않고 있다. 이와 같은 상황에 비추어 볼 때, 설령 현재 매우 다양한 형태로 진행되고 있는 대안학교가 상당히 긍정적인 교육적 의미 내지는 가치를 구현하고 있다고 해도 이에 대해 학문적인 차원에서 진지하고 치밀하게 탐구되고 정리되지 않은 단계에 머물러 있을 경우, 우리는 그 운동들이 가져오는 결과를 효과적으로 공유하거나 활용할 수 없는 상황이라고 할 수 있다.

셋째, 현재 저마다 다양한 형식과 내용으로 설립되고 있는 대안학교들에서 결여되고 있는 부분으로서 가장 심각하게 지적되고 있는 문제점은 바로 개개의 대안학교 모델 자체를 위한 고유한 교사 양성 및 수급 체계가 제대로 갖춰져 있지 않다는 점이다. 국가가 주도하는 공교육 내지는 제도교육과 비교할 때, 대안학교는 특히 재정적인 차원에서 극복하기 힘든 취약점을 안고 있다. 그러다 보니 경제적으로 철저히 자립해 있다는 의미에서 말 그대로 사립학교의 형식을 취하고 있어 대부분 우수한 교사를 유치하기가 어려운 실정이다. 설령, 현실적인 악조건을 감수하고 대안학교를 지망하는 교사가 있더라도, 그들을 체계적으로 양성할 수 있는 프로그램이나 시스템이 갖추어져 있는 경우는 지명도가 매우 높은 몇몇 학교에 국한되어 있는 실정이다. 따라서 현재 운영되고 있는 대안학교에 재직하고 있는 교사들의 교직과 관련된 적성의 문제와 더불어, 담당 교과 영역 혹은 학생들을 전인적인 차원에서 지도하기 위해 마땅히 갖추어야 할 교육자로서의 전문성 자체에 의문을 제기하지 않을 수 없다.

이 책에서 필자는 이와 같은 문제 제기에서 출발하여 지난 19세기 말에서 20세기 초에 진행된 전반적인 교육개혁운동인 '신교육운동'에 주목해 보고자 한다.

서구의 역사를 돌이켜 보면 19세기 말, 서구 유럽의 여러 국가는 현재 우리가 겪고 있는 문제와 유사한 교육문제를 안고 있었으며, 현재의 우리가 그러하듯이 이러한 문제를 진단, 해결, 극복하고자 한 일련의 교육개혁 시도가 있었다. 그와 같은 시도는 당시 동시대인에게 커다란 반향을 일으키며 거대한 규모의 교육운동으로 표출되었다. 사실상 신교육운동은 당시 유럽 전역에 걸쳐 매우 광범위하게 확산되었던 국제적인 교육운동이었다. 이것이 발생한 서구 주요 국가들을 꼽는다면 영국, 독일, 프랑스, 미국을 들 수 있다(오인탁 외, 2006). 신교육운동은 그 운동의 본질에 있어서는 어느 나라에서 발생하였건 서로 매우 유사한 특징을 공유하고 있으나, 열거한 각 국가들에서는 조금씩 다른 명칭으로 불린다. 독일에서는 '개혁교육학(Reformpädagogik)'으로, 그리고 미국, 영국과 프랑스에서는 '새로운 교육(New Education, Education Nouvelle)' 운동으로 지칭되고 있다.

당시 신교육운동의 기치 아래 매우 다채로운 양상을 띠며 광범위하게 이루어진 교육개혁적 시도들은 성공적인 결과를 낳기도 하였으나, 때로는 심각한 문제점을 드러내며 해당 국가의 교육현실과 유리된 가운데 좌절되거나 수정 · 보완되었다. 그러한 과정에서 당시 활발하게 일던 신교육운동의 다양한 조류 중 상당 부분은 20세기 중엽의 세계사적 역동기를 거치면서 이제 거의 자취를 감춘 상태다. 그러나 그중 일부 교육운동은 현재까지도 처음 그 운동이 발생하였던 지난 20세기 초의 개혁 의지와 신념을 계속 유지하는 가운데 현대적인 의미에서의 대안교육운동 및 대안학교운동의 형태로 남아 있다. 물론, 이 운동들은 발생 당시로부터 이미 100년에 가까운 시간이 흐른 만큼, 역사적 차원에서 이전과는 뚜렷이 구별되는 현재성을 띠는 가운데 새로운 문제의식과 교육개혁의 과제를 중심으로 진행되고 있다.

바로 이러한 서구에서의 신교육운동이 현재에 이르기까지 교육의 이론과 실천 양 측면에서 나타나고 있는 다채로운 양상은 현재 우리가 겪고 있는 교육문제와 관련하여 상당히 의미 있는 연관성을 보여 주고 있다. 물론, 신교육운동은 역사적, 문화적 맥락에서 우리와는 완전히 다른 배경을 가지고 있는 서구 국가들에서 이루어진 교육운동이지만, 아이러니하게도 우리 스스로가 안고 있는 교육문제를 자아성찰적인 시각에서 바라볼 수 있게 하는 다음과 같은 계기를 제공한다.

첫째, 신교육운동은 우리의 교육문제를 개혁하는 데 시금석이 될 만한 모범을 제공한다. 예나 지금이나 우리의 교육현실은 서구 교육 선진국에서 발생한 교육 사상 및 이론을 도입한 가운데 전개되어 왔다. 이러한 맥락에서 볼 때 우리가 현재 안고 있는 문제들은 더 이상 우리의 역사와 현실에 한정되어 비롯된 것이라고만은 볼 수 없게 되었다. 결국, 한국의 교육현실에서 발생하는 문제를 해결하기 위한 방안을 찾기 위해 서구의 교육개혁 사례를 살펴보는 일은 매우 의미 있는 시도가 될 수 있다.

둘째, 신교육운동은 우리가 현재 행하고 있는 교육개혁의 시도들이 지니고 있는 문제점이 과연 무엇인지 역사적인 선례에 비추어 깨닫게 해 준다. 신교육운동이 처음 발생하던 19세기 말에서 20세기 초의 초기적 양상들이 현재에 이르기까지의 과정에서 그것이 과연 어떠한 역사 및 사회 환경 속에서 어떻게 변화해 왔는가를 살펴보는 일은 뜻 깊다. 무엇보다 이러한 시도를 통해 그와 같은 대안적 차원에서의 교육운동들이 초래한 부정적인 측면이 잘 드러나고 있음을 확인할 수 있기 때문이다. 이러한 측면을 살펴봄으로써 우리는 현재 우리의 교육현실에서 시행되고 있는 교육개혁운동의 미래를 현 시점에서 이미 어느 정도 예견할 수 있게 된다.

이 책에서는 신교육운동의 흐름에 주목하되, 서술의 범위를 제한하여 서구 여러 국가 중 독일에서 발생·전개되었던 '개혁교육학'을 소개하는 일을 과제로 삼고자 한다.

이 과제를 수행하기 위해 필자는 다시금 논의의 초점을 개혁교육학에 고유하게 주어져 있는 '시대적 특수성'에 맞추고자 한다. 개혁교육학이 지니고 있는 현재적 의미 내지는 그 전후 시대와의 깊은 연계성에도 불구하고 이 대상이 학문적 차원에서 어떤 독자성을 확보할 수 있는 바탕이 있다면, 그것은 바로 그것이 속해 있던 시대, 즉 19세기 말에서 20세기로 넘어가는 이른바 세기의 전환기(Jahrhundertwende)라는 역사적 차원에서 비롯된 특수성일 것이기 때문이다.

이 책의 내용은 다음과 같이 네 부분으로 나뉜다.

첫째, 제2장은 개혁교육학의 개념 정의의 부분으로, 최근 독일 내에서 개혁교육학을 연구 대상으로 삼는 학자들이 이 주제 영역을 총괄하는 이론을 구성하고자 하는 새로운 시도에 대해 서술한다. 이를 통하여 개혁교육학의 의미를 다양한 측면에서 살펴봄과 동시에, 개혁교육학이 동서고금을 막론하고 교육의 이론과 실천 양면에 걸쳐 일반적으로 확대시킬 수 있는 추상적 이론으로 체계화될 가능성이 있는지 탐색해 보고자 한다. 이렇게 하여 잠정적으로 도출된 개혁교육학의 개념 정의 및 이론적 체계는 이 책의 본론 부분이라고 할 수 있는 개혁교육학의 시대적, 이념사적 배경 및 그에 속한 다양한 조류를 서술하기 위한 유용한 설명 틀로 활용된다.

둘째, 제3장의 전반부는 시대적 배경과 관련되는 부분이다. 19세기 말에서 20세기 초에 걸쳐 일어난 독일에서의 개혁교육학 내지는 개혁교육학운동이 과연 어떠한 시대적인 특수성 속에서 탄생하였는지에 대해 다루고 있다. 이를 위해 당시 독일의 정치, 경제, 사회 전반에 걸친 위기 상황(Krisensituation)에 대해 서술한다. 여기서 지난 세기의 전환기에 전개되었던 위기 상황은 당시 독일에서 여러 사회계층적 집단 가운데 교양시민계층에 의해 가장 민감하게 감지되었던 점에 특히 중점을 두어 서술한다. 제3장의 후반부는 사상적 배경을 다룬 부분이다. 즉, 교양시민계층이 당시 독일 사회 전반에 걸쳐 만연해 있던 위기 상황에 접하여 전개한 문화비판(Kulturkritik)에 대하여 서술한다. 이 점과 관련하여 문화비판의 범위 내에서 과연 구체적으로 어떠한 논의가 이루어졌는지 그 핵심적인 테마를 짚어 본다.

셋째, 제4장은 개혁교육학의 주요 흐름에 대한 부분이다. 독일에서의 개혁교육학의 범주에 속하는 매우 다양한 교육적 시도와 운동 중에서도 시대적, 국가적 특수성이 가장 두드러지게 드러났던 흐름에 속한 다섯 가지 조류, 즉 어린이로부터의 교육학운동, 청소년운동, 예술교육운동, 전원기숙사학교운동, 그리고 통합학교운동에 대해 서술한다.

넷째, 제5장은 결론 부분이다. 개혁교육학에 대한 서술을 통해서 이루어진 논의가 현 시점에서 시행되고 있는 다양한 교육개혁적 시도와 관련하여 어떠한 의미를 가질 수 있는지, 특히 한국에서 시행되고 있는 대안학교운동 및 대안교육운동에 어떠한 시사점을 줄 수 있는지 살펴본다.

# 제 2 장

# 개혁교육학의 개념 정의

독일의 교육계에서 '개혁교육학의 르네상스(Renaissance der Reformpädagogik)' 라는 표현이 등장하기 시작한 이래 거의 20년에 가까운 짧지 않은 시간이 흘렀다(Oelkers, 1989). 그동안 종합학교운동(Gesamtschulbewegung)과 같이 전 국가적으로 시행되었던 교육제도 차원에서의 개혁적 시도와 비권위적 교육(antiautoritäre Erziehung), 대안학교운동(Alternativschulbewegung), 반교육학(Antipädagogik) 등 이른바 의식 있는 좌익 계열의 교사, 학부모가 주도한 소규모의 매우 다양한 형식과 내용의 교육운동이 우후죽순격으로 만발하면서 교육의 이론과 실천 양면에 걸쳐 상당히 큰 영향을 받아 왔다(Braunmühl, 1975; Claβen, 1973; Goldschmidt, 1979; Kemper, 1991; Masterhoff, 1981; Schoenebeck, 1989). 이와 같은 거대한 교육개혁의 물결이 1980년대 들어 차차 잦아들면서 그 다양한 교육적 시도가 결과적으로는 당시 독일의 교육현실이 안고 있던 문제들을 근본적으로 해결하지 못하였다는 자성적 비판이 제기되었다. 바로 그 즈음부터 학계는 이전까지 연구자들의 관심을 거의 끌지 못한 채 역사의 한구석을 장식하고 있었던 개혁교육학을 새롭게 조명하기 시작했다(Borst, 2001: 291-301).

이후 당시 차츰 잦아들던 교육운동의 부흥을 갈구하던 독일의 교육이론가, 실천가에게 개혁교육학이라는 영역은 그들이 도모하던 교육개혁의 이상향을 새롭게 건설할 수 있을 만한 미개척의 광야로 비쳐졌던 것 같다. 특히, 1990년대 들어 그들은 이 토양에 각자의 계획과 용도에 적절하다고 여겨지는 묘목을 닥치는 대로 심어, 그 광야는 실로 그 품종의 목록과 범위를 헤아리기 힘들 정도의 무성한 숲으로 뒤덮였다. 그러나 그로부터 다시금 20년 가까운 시간을 보내는 동안 개혁교육학이라는 분야는 학계에서 차츰 체계화된 논리를 갖춘 안정된 주제로 정리되는 단계에 접어들고 있다는 인상을 남기게 된다.

욀커스(Jügen Oelkers)는 1989년 『개혁교육학: 비판적 교의사(教義史)(Reformpädagogik. Eine kritische Dogmengeschichte)』를 저술하였는데, 이 저서를 통하여 이전의 개혁교육학에 관한 서술과 차별화된 논의를 전개함으로써 이 분야에서 새로운 논쟁이 가능하도록 하는 단초를 제공하였다. 이후 욀커스가 이룩한 인식의 전환점에 기초하여 개혁교육학을 하나의 이론적인 틀로 체계화하고자 하는 다양한 시도가 이루어졌다. 이 장에서는 개혁교육학을 주제로 하여 독일에서 이루어지고 있는 최근의 연구 동향에 대해 개괄적으로 소개하면서, 개혁교육학의 새로운 개념 정의 및 이론적 체계화의 가능성에 대해 탐색해 보고자 한다.

## 1. 개혁교육학 개념의 새로운 이해

개혁교육학 개념을 학문적인 차원에서 정의하기 위해서는 앞에서 언급한 욀커스 이후 인식의 전환점에 다시금 초점을 맞추어야 한다. 왜냐하면 이 전환점을 중심으로 하여 그 전후의 개혁교육학이 서로 다르게 정의되고 있다고 판단되기 때문이다.

욀커스 이전까지의 개혁교육학과 관련된 논의는 학문적 차원에서 체계화되기 시작한 초기 단계에 머물고 있었다고 할 수 있다. 이 단계에서 개혁교육학은 일반적으로 명료하게 개념화하기 매우 어려운 대상으로 파악되고 있다. 개혁교육학은 그 안에 포함되어 있는 다양한 형태와 방향성의 이론과 실천적 운동에 접하여 그것들이 제각기 보여 주고 있는 성격과 이 모두를 포괄하는 전체적인 범위를 규정하는 데 논란의 여지를 많이 남겨 두고 있기 때문이다. 이에 따라 때로는 서로 완전히 다른 차원에서 파악되어야 하는 교육학적 논의와 교육개혁적인 시도 혹은 운동들이 학술적인 차원에서는 모두 개혁교육학의 범주에서 나란히 다루어지는 일이 다반사였다.

독일에서 개혁교육학을 학문적인 대상으로 다루기 시작한 이래로 학자에 따라 그 개념은 '교육학운동(Pädagogische Bewegung)', '교육학개혁운동(Pädagogische Reformbewegung)', '학교개혁운동(Schulreformbewegung)' 등으로 혼동되어 쓰이기도 하였다. 또한 국제적인 차원에서는 종종 영국과 프랑스에서의 '신교육운동', 미국에서의 '진보주의 교육운동(Die progressive Erziehungsbewegung)'과 유사하거나 밀접하게 관련된 개념으로 이해되기도 하였다. 이와 같은 관점에서 개혁교육학을 바라보는 대표적인 독일 학자로는 놀(Herrman Nohl, 1949), 슈투름(Karl F. Sturm, 1930), 샤이베(Wolfgang Scheibe, 1969), 뢰어스(Herrman Röhrs, 1980), 플리트너(Andreas Flitner, 1996), 자이파르트-슈투벤라우흐와 스키에라(Michael Seyfarth-Stubenrauch & Ehrenhard Skiera, 1996) 등을 들 수 있다. 필자 자신을 포함하여 한국에서 개혁교육학을 학문적인 대상으로 삼아 왔던 여러 학자 또한 현 시점까지 이와 같은 시각에서 크게 벗어나지 않고 있다(정기섭, 1998, 2007; 정영수, 2000; 최종인, 1998; 최재정, 2002a, 2002b, 2003b).

이들 학자군에 의하면 개혁교육학은 공히 처음부터 어떤 뚜렷한 한 사람의 대표적 인물이 중심이 되어 수미일관하게 체계화시킨 단일한 교육론에 따라 구성되지 않은 것으로 파악된다(최재정, 2002b: 5-7). 개혁교육학은 오히려 제각기 강한 카리스마와 개성을 지닌 다수의 교육 이론가 혹은 실천가가 때로는 양립 불가능해 보일 정도로 서로 첨예하게 모순되는 논의를 개진해 나가는 가운데 매우 다양하게 이루어졌던 교육적 시도를 그 안에 포괄하고 있는 것으로 여겨진다.

독일에서 통상 개혁교육학의 범주에 들어가는 교육이론 내지 운동으로 간주되고 있는 몇 가지 제목만 열거해 보아도 이 단계에서 학자들에게 개혁교육학의 개념 정의가 절대로 간단한 작업이 아니었음을 다시 한 번 확인하게 된다. 어린이로부터의 교육학(Pädagogik vom Kinde aus), 몬테소리 교육학(Montessori-pädagogik), 청소년운동(Jugendbewegung), 예술교육운동(Kunster-ziehungsbewegung), 전원기숙사학교운동(Landerziehungsheim-bewegung), 발도르프 교육학(Waldorfpädagogik), 사회교육학운동(Sozialpädagogische Bewegung), 국민교육운동(Volksbildungsbewegung), 노동학교운동(Arbeitsschulbewegung), 통합학교운동(Einheitsschulbewegung), 닐(Alexander S. Neill)의 서머힐 학교(Summerhill), 프레네 교육학(Freinetpädagogik) 등등.

이와 같은 상황에 접하여 학자들은 이들 다종다양한 교육이론과 실천을 어떤 식으로든 하나의 틀로 묶기 위해 주로 시대적인 구분에 의존하는 경향을 보였다. 그에 따라 개혁교육학은 일반적으로 '지난 19세기 말에서 20세기로 전환하는 시기에 독일을 비롯한 유럽 전역과 미국에까지 확산되어 광범위하게 일어났던 매우 다양한 종류의 교육운동 및 그것을 가능하게 하였던 일련의 새로운 교육이론을 통칭하는 개념'으로 파악되어 왔다(최재정, 2002b: 4). 이처럼 시대적 구분에 의거하여 범주를 규정하려는 시도에 따라 개혁교육학을 정의하면서, 이 개념은 근원적인 차원에서 몇 가지 공통점을 가지고 있으나 이는 당시에 존재하였던 거의 모든 교육 이론 및 실천을 포괄할 수 있을 만한 지극히 개방적이며 광범위한 개념이며, 바로 그렇기 때문에 일견 공허하고 추상적인 개념이라는 느낌을 줄 수밖에 없었다.

베너와 켐퍼(Dietrich Benner & Herwart Kemper, 2001-7: 25)는 이상의 학자들이 개혁교육학이라는 대상을 학문적으로 다루는 방식을 두고 '왕실 소속 보고담당관(Hofberichterstatter)'의 방식이라고 표현하였다. 그 표현 그대로 이 단계에서의 학자들은 개혁교육학의 다양한 면면에 대해 각각을 대표하는 개개의 인물이나 교육이론의 조류를 중심으로 하여 독자들에게 그 공헌점과 한계를 예의 바르게 개괄적으로 소개하는 수준을 아직 넘어서지 못하였다고 할 수 있다. 반면, 욀커스는 앞서 언급하였듯이 그의 저서에서 이전과는 다른 관점에서 개혁교육학이라는 대상을 바라보기 시작하였다.

욀커스는 종전의 학자들이 개혁교육학을 그에 속한 매우 다양한 구체적 이론과 실천의 내용 자체, 즉 살과 근육에 초점을 맞추어 바라보던 경향과는 사뭇 다르게 그 대상을 구조, 조직적 차원, 즉 뼈대의 관점에서 바라보고 있다. 욀커스는 루만(Niklas Luhmann)의 체계이론(Systemtheorie)이 제공하는 관점을 매우 적극적으로 교육학의 영역에 수용한 학자로도 잘 알려져 있는데, 바로 그와 같은 영향하에 그는 루만 이론의 특유 개념 중 '의미구조(Semantik)'[1]라는 용어를 차용하여 개혁교육학의 역사를 이전의 학자들과는 다른 측면에서 새롭게 쓰고 있다. 욀커스는 그의 상기 저서에서 개혁교육학을 학문적 대상으로 다루되 그것의 '의미구조', 즉 이념사적, 개념사적 차원에서의 진화 과정을 밝히고자 시도하여, 개혁교육학의 개념을 특정한 시대에 완전히 새롭게 탄생한 독창적인 사조로 간주하는 종래의 논의에 강하게 반론을 제기하고 있다(최재정, 2003a: 177).

욀커스는 개혁교육학을 지배하고 있는 이념과 그것을 구성하는 언어 혹은 개념에 연구의 초점을 맞추고 있다. 이렇게 보면 개혁교육학의 범주에서 사용되는 '교육학적 개혁언어(pädagogische Reformsprache)'는 일종의 '정치적 의미구조(politische Semantik)',

1) 루만의 '체계이론'에서 '의미구조'란 인간에게 '이념' 내지는 '개념'의 세계를 말한다. 따라서 사회의 변천 과정을 의미구조적 차원에서 서술한다는 것은 곧 역사의 진화 과정에서 인간의 '사유방식(Mentalität)'이나 '감성(Affekt)'의 세계가 어떻게 함께 변화되었는지를 살펴본다는 것을 의미한다.

즉 '오래된/새로운', '과거/미래', '퇴보/진보' 등과 같이 두 가지 상반되는 개념으로 이루어진 코드의 일부로 파악된다. 이와 같은 틀에 근거할 때, 개혁교육학은 그것이 담고 있는 구체적인 내용물이 무엇이건 비판의 대상이 될 만하고 '과거지향적'이며 '퇴보한' 교육현실 내지 학교제도를 거부하는 가운데, '대안'으로서의 역할을 담당할 '미래지향적'이며 '진보적인' 내용을 담은 모든 형태의 교육 이론 및 실천을 포괄하는 개념이 된다.

개혁교육학에 대한 이러한 욀커스의 새로운 개념 정의는 다음과 같은 두 가지 점에서 이 주제를 중심으로 하여 이루어졌던 이전까지의 연구를 극복하였다고 할 수 있다.

첫째, 그는 이전까지 개혁교육학이라는 용어하에 통념적으로 수용되어 오던 시대적 구분, 즉 1890년대부터 1933년까지의 기간이라는 제한적인 틀을 깨기 시작하였다.

둘째, 그는 루만과 쇼어(Eberhard Schorr)의 이론 및 용어를 빌려 의미론적 차원에서 개혁교육학을 재정의함으로써 개혁교육학을 시대적인 특수성 및 역사성을 넘어서는 추상적이고 일반적인 개념으로 체계화하였다.

이 같은 욀커스의 시도를 중심으로 개혁교육학을 주제로 한 논의들은 한 차원 심화되었다고 할 수 있다.

## 2. 개혁교육학의 이론적 체계화를 위한 가능성 탐색

욀커스 이후 그의 영향하에 개혁교육학을 주제로 한 연구들 중 가장 두드러진 시도로는 베너와 켐퍼의 공동연구와 쾨렌츠(Ralf Koerrenz)의 연구를 들 수 있다.

첫째, 베너와 켐퍼는 개혁교육학을 단지 한 시대에 국한된 일종의 화석화된 사조로 파악하는 것이 아니라, 그것의 사상적 뿌리를 훨씬 이전에 두고 있으며 현재에 이르기까지 매우 생생하게 영향력을 미치고 있어 하나의 큰 맥을 이루는 것은 물론 어떤 일관된 움직임으로 파악된다(Benner & Kemper, 2001~2007).

둘째, 쾨렌츠는 우선 개혁교육학 자체와 이 주제를 둘러싸고 이전까지 이루어진 논의들이 포함하고 있는 파괴성 혹은 해체성에 대해 논한 뒤, 그 다음 단계로 개혁교육학을 교육철학적인 관점에서 새롭게 개념화 · 체계화하고 있다(Koerrenz, 2004).

이 두 연구는 개혁교육학을 이론적으로 체계화한다는 관점에서 재구성해 볼 때 다시금 두 방향으로 나누어 볼 수 있다. 첫째는 개혁교육학을 하나의 교육철학적 탐구를 위한 독특한 관점, 즉 방법론이나 연구 논리로 파악하고자 하는 방향이다. 이는 욀커스 이후 베너와 켐퍼, 쾨렌츠에 이르기까지 일관되게 진행되고 있는 시도들이라고 할 수 있다. 둘째는 첫째의 방향에 기대어 부수적으로 파생된 것으로서, 새롭게 파악된 개혁교육학의 개념에 기초하여 개혁교육학의 역사를 재서술하고자 하는 연구들이다. 이와 같은 방향 또한 욀커스가 처음으로 시도하였다고 할 수 있으나, 그 방향성 속에서 광범위하고 진지하게 연구를 수행하고 있는 이들은 베너와 켐퍼다.

## 1) 교육철학 이론으로서의 개혁교육학

### (1) 베너와 켐퍼의 시도

베너와 켐퍼는 욀커스의 새로운 인식에 근거하여 개혁교육학의 개념을 보다 정교하게 다듬은 그들 나름의 틀에 따라 재정의하고 있다. 그 구체적인 내용은 두 학자가 수년간에 걸쳐 이룩한 긴밀한 공동작업의 결과를 2001년부터 2007년까지 총 세 권의 책으로 출간한 『개혁교육학의 이론과 역사 I–III(Theorie und Geschichte der Reformpädagogik Teil I–III)』에 담겨 있다.

그들은 개혁교육학이라는 합성어에서 '개혁' 이라는 말에 초점을 맞추어, 동사 '개혁하다(reformieren)' 와 명사 '개혁(Reform)' 이 어원적으로 '모양을 바꾸다(umgestalten)', '변화시키다(verwandeln)' 라는 의미의 라틴어 'reformare' 에서 파생된 말이라는 점을 강조한다. 그 다음 그들은 '개혁', '개혁하다' 라는 말이 서양의 역사 속에서 실제로 어떤 경우에 사용되었는지를 살펴봄으로써 '개혁' 이라는 행위가 가지고 있는 원래적 기능, 즉 '모양을 바꾸는 일', '변화시키는 일' 이라는 기능에서는 공통되나 그 구체적인 내용은 그 용어가 사용되었던 시대적 배경에 따라 매우 다양하게 변용되어 사용될 수 있음을 시사한다. 여기에서 그들은 특히 '개혁' 이라는 말이 근대 이전과 이후에 서로 다른 의미로 사용되고 있다는 점을 강조한다. 즉, 근대 이전의 개혁은 구체적이며, 목적론적인(teleologisch) 내용을 담고 있다는 점에서 보다 추상적이며 인간 중심적(anthropozentrisch)인 근대 이후의 개혁과는 근본적으로 구별된다고 본다.

근대를 기점으로 하여 그 전후의 '개혁'에 대한 이 같은 해석에 따를 때, 근대 이후 계몽의 프로젝트가 미완(未完)의 상태로 지속되고 있는 현재에 이르기까지 베너와 켐퍼에게 개혁교육학의 역사란 근대 이전의 목적론적, 구원사적, 반합리적 성격을 강하게 가지고 있는 교육개혁 프로그램과 근대 이후의 인간 중심적, 이성적, 합리적 방향성을 가지고 있는 교육개혁 프로그램 간의 치열한 논쟁으로 점철된 변증법적 투쟁의 역사라고 설명할 수 있다.

지금까지 서술한 바와 같이 개혁교육학을 새롭게 정의하는 것을 넘어서서, 베너와 켐퍼는 이 주제 영역을 하나의 이론적인 틀로 체계화하고자 시도하고 있다. 그들의 관점에 근거할 때, 우리는 교육의 역사, 특히 사회 내에서의 정치적 변화와 맞물리는 가운데 교육의 영역에서 이루어지는 다양한 개혁적 시도의 광범위한 역사를 이제까지와는 사뭇 다른 시각에서 새롭게 조명하고자 하는 가능성이 그 안에서 발견됨을 확인하게 된다. 이와 같은 개혁교육학에 대한 새로운 파악에 근거하여, 베너와 켐퍼는 개혁교육학 개념에 대비되는 개념으로서 '정상교육학(Normalpädagogik)'이라는 용어를 새롭게 구성해 내고 있다. 즉, 개혁교육학과 정상교육학의 개념은 교육의 역사적 흐름 속에서 끊임없이 일고 있는 수많은 개혁적 시도의 등장과 퇴장, 흥망성쇠의 역동성을 가능하게 하는 변증법적 역학관계를 설명하기 위한 일종의 이론적 부속물로 기능하게 된다(Benner & Kemper, 2001~2007: 16, 26).

베너와 켐퍼에 의하면 개혁교육학은 늘 정상교육학과 서로 밀고 당기는 가운데 성립되는 대립적 상호작용 관계 속에서 파악되어야 한다. 즉, 개혁교육학은 그 구체적인 내용이 무엇이든지 항시 그것이 발생할 당시의 교육 영역을 지배하고 있던 정상교육학에 대한 강한 반발 내지 비판을 바탕으로, 그것을 대체할 수 있는 새로운 교육 모델을 제시하는 기능을 담당하고 있다는 것이다. 이때 개혁교육학을 움직이는 추동력(Impuls)은 바로 그 비판 및 개혁의 대상인 정상교육학을 대체하여 스스로가 정상교육학의 위치에 서고자 하는, 즉 진정한 의미에서의 '대안'이 되고자 하는 동인에서 비롯된다고 할 수 있다. 이 경우 새롭게 제시된 교육개혁 프로그램은 그것이 극복하고자 하는 대상인 정상교육학에 대한 대안으로 하나의 개혁교육학이라는 명칭으로 부를 수 있다. 그러나 개혁교육학 역시 차차 교육현실에서 충분한 설득력과 적응력을 바탕으로 결국 관철되면서 '정상화(Normalisierung)' 되어 지배적인 교육 모델이 되는 순간, 그 스스로 정상교육학의 위치에 서게 되는 것이다.

그러나 그 어떤 실천과 관련된 프로그램도 그것이 실제로 적용되는 사회적인 맥락 내지 역동적인 변화의 물결에 완벽하게 일치하거나 적응할 수는 없기에, 새로운 대안으로서 정상교육학의 위치에 서게 된 새로운 모델 또한 어느 순간부터는 또 다른 모순과 갈등, 문제 들을 드러내게 된다. 그리하여 새로운 불균형 및 위기 상황이 비롯되어 이에 대한 반발과 신랄한 비판이 불거져 나오게 되고, 그러한 비판은 다시금 새로운 내용과 형식을 갖춘 개혁교육학이 구성되도록 하는 모태로 작용한다. 이로써 또다시 정상교육학에 대한 개혁교육학의 새로운 도전 관계가 성립하면서 둘 간의 팽팽한 변증법적 대결 국면이 가능해진다. 이런 베너와 켐퍼의 개념 틀에 따를 때, 정상교육학과 개혁교육학은 서구의 교육 역사 속에서 각각 그것이 해당되는 시대의 서로 다른 배경에 따라 그 구체적인 내용이 수시로 변화되는 가운데 끊임없는 대립과 극복, 그리고 재건을 반복하면서 일종의 순환적 고리를 이루어 왔음을 알 수 있다.

(2) 쾨렌츠의 시도

쾨렌츠는 그의 소책자 『개혁교육학: 교육철학적 연구(Reformpädagogik: Studien zur Erziehungsphilosophie)』(2004)에서 이전까지 개혁교육학의 영역에서 이루어진 연구를 총망라하여 개괄적으로 조망하는 가운데 개혁교육학의 개념 자체를 이론적인 차원에서 재구성하고 있다. 그에게 가장 큰 연구적 관심은 개혁교육학을 교육철학의 관점에서 하나의 고유한 이론적 관점으로 구성하여 교육현상 일반을 탐구·분석할 수 있는 연구 논리로 체계화하는 것이다.

이 같은 차원에서 쾨렌츠는 한편으로는 욀커스에서 베너와 켐퍼로 이어지는 조직적 관심을 공유하고 있다고 할 수 있으나, 다른 한편으로는 욀커스, 특히 베너와 켐퍼의 연구와 비교할 때 개혁교육학을 역사적 차원에서 재구성하는 측면에는 상대적으로 관심이 적은 편이라고 할 수 있다. 바로 이런 의미에서 그는 서론에서 그에게 '개혁교육학'이란 '개혁'의 동기(Motiv)라는 차원에서 볼 때 역사적인 사실 관련이라기 보다는 교육과 도야의 근본적인 의미와 대결하는 조직적 차원에서 바라보아야 하는 대상이라고 서술하고 있다(Koerrenz, 2004: 6).

쾨렌츠는 이와 같은 차원에서 개혁교육학을 무엇보다 '개혁(Reform)'과 '교육학(Pädagogik)'이라는 두 개의 개념이 합성된 것으로 파악한다. 그렇게 볼 경우 개혁교육학은 두 용어에 함축될 수 있는 수많은 논의가 합성되는 가운데 매우 다양한 이론이 전개될 수 있는 가능성을 안고 있는 것으로 이해되어야 할 것이다. 쾨렌츠는 바로 이런 맥락에서 이전까지 개혁교육학이라는 주제를 둘러싸고 이루어져 온 논의 중 그것이 특정한 시대와 국가에 묶인 채 다루어진 경우에 대해 '해체(Destruktion)'의 입장에서 비판을 가하고 있다. 쾨렌츠에 의하면 그와 같은 의미의 개혁교육학이란 고유명사가 아니라 '개혁적 교육학', 즉 '개혁적'이라는 수식어가 붙은 보통명사로서의 교육학인 것이다. 따라서 쾨렌츠는 개혁교육학을 다음과 같은 두 가지 측면에서 이론적으로 조직화하고자 시도한다.

첫째, 쾨렌츠는 개혁교육학을 이론적으로 체계화할 수 있는 외연적 차원으로서 개혁적 교육학을 이끄는 목표로 작용하는 '동기'와 그것이 실제로 처해 있는 현실적 조건을 들며, 그와 같은 차원에서 개혁교육학이 어떤 의미를 지닐 수 있는지 간략하게 서술하고 있다. 우선, 그는 동기로서의 '개혁'이라는 추상적인 개념 틀 차원에서 개혁교육학이란 '이미 있는 것(schon-jetzt)'에서 '아직 오지 않은 것(noch-nicht)'의 방향으로 나아가고자 하는 교육적 차원에서의 개선의 시도라고 파악한다(Koerrenz, 2004: 32). 이 경우 개혁교육학이란 늘 유토피아, 즉 이상(Ideal)과 실제 경험 및 현실 속에서의 적응이라고 하는 두 가지 대극적 축 사이에서 벌어지는 대결에서 도출되는 것이다. 이때 개혁적 이론 및 실천을 추동해 나가게끔 하는 목표점 내지는 견인차 역할을 담당하는 이상적 이념(Idealvorstellung) 및 유토피아는 시대적 차원에서 그때 그때 주어지는 구체적인 역사적 조건에 따라 각기 상이한 내용으로 표출된다. 예컨대, 18, 19세기의 교육학이 '근대(Moderne)' 라는 이상에 따라 움직였다면(Koerrenz, 2004: 28), 20세기 초의 '교육학운동(pädagogische Bewegung)' 은 '민족주의' 라는 유토피아에 경도되어 있었다는 것이다(Koerrenz, 2004: 31).

둘째, 쾨렌츠는 역사적으로 존재하는 개혁교육학이 구체적으로는 매우 다양한 내용으로 표출되더라도 그 심연에는 시대와 역사를 초월한 공통된 내부구조(Binnenstruktur)가 있다고 보고 있다. 이와 같은 차원에서 그는 개혁교육학의 내부구조가 개인(Individum), 즉 개성적 존재로서의 인간(Person)과 구조(Struktur)로서의 사회(Gesellschaft)의 두 가지 축을 구성 요소로 하여 이루어진 것으로 보고 있다(Koerrenz, 2004: 56–58).

여기에서 개인/인간과 사회/구조라는 두 축의 구분은 다시금 두 개의 차원과 관련된다. 하나는 개혁교육학적 시도가 이루어질 때 그 주체로서의 역할 담당에서 두 요소 중 어느 쪽에 더 비중을 둘 것인가의 차원이다. 즉, 개혁의 주체를 개인/인간으로 볼 것이냐, 아니면 사회/구조로 볼 것이냐의 문제다.

다른 하나는 개혁교육학적 시도가 중점적으로 목표하는 바가 두 요소 중 어느 쪽이냐 하는 차원이다. 즉, 개혁의 중점 목표를 개인/인간에 둘 것이냐, 아니면 사회/구조의 차원에 둘 것이냐의 문제다.

쾨렌츠에 의하면 이처럼 개인/인간과 사회/구조라는 두 개의 구성 요소는 다시금 개혁의 주체 혹은 목표점이라는 두 가지 차원과 각각 조합을 이루게 되며, 이때 이루어진 각각의 조합에서 개혁교육학적 이론 및 실천의 구체적인 양상을 설명해 낼 수 있을 만한 개념적인 설명 틀이 마련될 수 있다.

### 2) 개혁교육학의 역사 다시 쓰기

앞에서 언급하였듯이 베너와 켐퍼는 개혁교육학을 종전과 같이 특정한 시대적 구분, 즉 1900년대를 전후한 세기의 전환기의 약 40~50년에 걸친 기간에 국한된 하나의 사조로 간주하지 않는다. 그들은 개혁교육학의 개념을 서구 교육의 역사 속에서 근대 이후 지속적으로 전개되어 온, 그리고 앞으로도 전개될 모든 역동적인 변혁, 변동, 개혁 현상들의 원인과 결과를 체계적, 조직적으로 설명하도록 하는 근원적 메커니즘의 한 부분 요소로 파악하고 있다.

베너와 켐퍼의 이와 같은 관점에 근거할 때, 우리는 단지 독일에서의 개혁교육학이라는 좁은 범위를 넘어서는 지극히 보편타당한 이론적 틀이 마련될 수 있는 가능성이 그들의 시도 속에 잠재되어 있음을 재차 확인하게 된다. 그와 같은 이론적 틀을 통해 우리는 인류의 역사가 탄생한 이래 교육이라는 행위가 존재하기 시작한 순간부터 그것이 끝날 때까지 지구상에서 명멸해 왔고, 또 앞으로 명멸하게 될 모든 종류의 교육개혁적 시도의 원인과 결과를 포함한 전 과정을 일목요연하게 재구성할 수 있을 것이다. 그러나 진지하고 노련한 이 두 학자는 그들의 방대한 연구 속에서 절대로 이와 같은 무모한 일반화를 꾀하지 않는다. 앞서 언급한 3부로 이루어진 그들의 연구서에서 베너와 켐퍼는 그들의 관심의 초점을 일차적으로 독일의 교육사에 맞추고 있으며, 시간적 차원에서도 연구의 범위를 근대 이후부터 현재에 이르기까지의 기간으로 한정시키고 있다. 두 학자는 그 기간 동안 독일에서의 개혁교육학의 역사가 구체적으로 어떠한 과정을 거쳐 형성되어 왔는가를 충실하고도 철저하게 분석하고 정리해 내는 데 총력을 기울이고 있다. 같은 의미에서 베너와 켐퍼는 그들 스스로의 학문적 시도를 장차 '개혁교육학의 이론사(Theoriegeschichte der Reformpädagogik)'를 구성하기 위한 스케치 단계, 즉 준비 단계에 속한 것이라고 표현하고 있다.

베너와 켐퍼는 그들 특유의 이론적 틀에 근거하여 독일에서의 개혁교육학의 역사를 근대 이후부터 현재에 이르기까지 약 200년에 걸친 기간으로 보고, 그 기간을 다시 다음과 같이 세 시기로 나누고 있다.

첫째는 17세기 후반에서 19세기 중반까지로, 18세기 후반 독일 교육계에 계몽주의의 물결이 밀어닥친 때부터 19세기 '구체제로의 복귀(Restauration)' 국면과 함께 국가적 차원에서의 전통적인 제도교육이 독일 전역에 확산되기 시작한 시기다.

둘째는 19세기 말에서 20세기 초까지로, '교육학운동(pädagogische Bewegung)'이 일던 세기의 전환기에서 나치정권이 들어서기 직전까지의 시기, 즉 바이마르 공화국이 마감할 때까지의 시기다.

셋째는 1945년 이후부터 현재까지로, 분단 상황 속에서 구 서

독과 동독에서 각각 국가적 차원에서의 교육개혁이 이루어졌던 때부터 이후 그에 대한 대안적 차원에서 다양한 교육운동의 흐름이 등장하기 시작하여 현재까지 이르는 시기다.

베너와 켐퍼는 그들의 연구서 3부에서 각각 앞의 세 시기를 다루고 있다. 여기서 그들은 각 시대별 개혁교육학이 어떠한 사회적 · 정치적 · 경제적 배경과 원인을 바탕으로 발생하였으며, 그 구체적인 이론과 실천이 어떠한 양상으로 전개되었는지, 또 그 결과는 어떻게 드러나고 있는지를 매우 상세하고 치밀하게 서술하고 있다.

### 3) 남아 있는 문제와 향후 과제

이상의 개혁교육학이라는 주제를 둘러싸고 독일에서 이루어진 최근의 연구 동향을 살펴본 내용을 종합해 보면 욀커스, 베너와 켐퍼, 쾨렌츠로 이어지는 노력들은 이전까지 개혁교육학을 중심으로 이루어졌던 연구와 비교할 때 뚜렷한 차별성이 있음을 확인하게 된다.

그들 이전의 학자들은 개혁교육학과 관련된 대상을 일차적으로 확인하여 나열하고, 각각에 대해 수집된 원자료를 정리하여 개괄적이며 설명적인 소개를 붙여 새로운 하나의 연구 영역으로 정립하기 위한 기본적인 작업을 수행하는 데 그치고 있다. 이와 달리 욀커스 이후의 학자들은 개혁교육학을 대상으로 어떤 방식을 취하였든 구체적인 역사적 사실을 넘어서 추상적인 개념을 추출해 내고 이론화할 수 있는 가능성을 보여 주고 있다. 그럼에도 그들의 개혁교육학에 대한 새로운 개념 정의 및 이론적 체계화 시도에서 여전히 해결해야 할 많은 문제가 산재하고 있음을 확인하게 된다. 그중 가장 뚜렷하게 드러나는 문제는 다음과 같이 세 가지로 축약될 수 있을 것이다.

첫째, 그들의 이론화 작업이 공통적으로 드러내는 가장 뚜렷한 문제는 대상 영역에 대한 지나친 단순화 및 규범화의 위험이다. 주지하듯이 개혁교육학, 혹은 개혁교육학 운동이라는 주제 영역에 해당되는 교육 이론 및 실천은 지극히 다양한 내용과 질, 현상으로 나타난다. 게다가 이 영역의 성격 자체가 역동적이고 현재 진행적인 특성을 가지고 있어서 그 어떤 하나의 이론적인 틀이나 개념으로는 포착하기 힘든 특징을 가지고 있다. 결국 이와 같은 개혁교육학 영역의 거의 무정형에 가까울 정도의 다양성과 개방성이 이 주제 영역 모두를 포괄할 만한 공통적인 개념을 뽑아낼 수 있을 가능성 자체를 제한하고 있다고도 하겠다. 그럼에도 불구하고 욀커스 이후의 학자들에게서 공통적으로 보이는 방식에서처럼 몇 개의 단순한 이분법적 개념 쌍으로 대상 전체를 구획지어 버리는 이론적 틀은 자칫 원래 그것이 가지고 있는 내용적인 풍부함과 다양성, 실천적 가능성 등을 그 안에 충분히 담아내지 못한다는 한계를 나타낸다.

둘째, 개혁교육학을 대상으로 한 그들의 이론적 단순화 및 추상화의 시도를 통해 그 자체가 태생적으로 가지고 있던 역사성에 대한 고려가 충분히 이루어지지 못한다는 점이다. 개혁교육학은 그 어떠한 재개념화, 이론적 일반화의 시도에도 불구하고 여전히 일정하게 그것이 생성·전개된 특수한 시대적·공간적 배경과의 관련성이 고려되어야 하는 고유성을 지니고 있다. 개혁교육학으로 지칭되고 파악되는 대상은 설령 그 이전이나 이후의 교육학적 운동이 어떤 측면에서든 서로 유사한 내용과 형식으로 전개되었다고 하더라도 특정한 시대와 장소의 특정한 조건을 배경으로 하지 않고는 결코 발생할 수 없는 고유한 역사적 사건이기 때문이다. 특히, 그들이 개혁교육학의 개념을 지나치게 메타이론화함으로써 종전의 역사 서술을 통해 성취된 이 영역에서의 연구 성과가 하루아침에 공허하고 무의미한 것으로 폄하되고 있는 점을 지적해야 할 것이다.

셋째, 그들이 개혁교육학의 이론을 재구성하면서 새롭게 서술해 내는 정의는 그 용어 및 개념의 차원에서 종전에 통용되던 것과 뚜렷한 차이가 있고, 그런 측면에서 이전까지의 서술을 뛰어넘는 차별성을 지닌 것이 사실이다. 그러나 그들이 각각의 방식에 따라 이론적인 틀을 구성해 내면서 새롭게 만드는 용어들이나 같은 용어라도 종래의 의미와는 다르게 쓰는 개념은 단지 개혁교육학의 연구 영역뿐만 아니라 독일의 교육학계 전반에 걸쳐 적지 않은 혼란과 논쟁을 야기할 것으로 예상된다. 예컨대, 베너와 켐퍼의 이론에서 사용되는 '정상교육학' 개념에서 '정상적(normal)' 이라는 말의 의미를 '규범을 세우는(Normgebend)' 이라는 의미로 볼 것인지, '비정상적(abnormal)' 의 반대로서의 '정상적' 이라는 의미로 해석할 것인지, 혹은 '관습적인(konventional)' 이라는 말로 전용시킬 수 있는 의미인지 등의 의문이 제기될 수 있다.

이러한 문제들로 보아, 욀커스 이후 최근의 독일 학자들이 개혁교육학이라는 연구 영역 속에서 새롭게 시도하고 있는 바가 독일의 교육학계 전반에서 공식적으로 통용되고 유용한 설명 틀이 되려면 상당한 기간 동안 이 연구 영역 내에서 치열한 논쟁과 수정, 되새김, 거듭남의 과정을 거쳐야 할 것으로 보인다. 무엇보다 다음과 같은 두 가지 점이 앞으로 진지하게 고려되어야 할 것이다.

첫째, 개혁교육학을 대상으로 한 이론적 일반화 내지 체계화의 시도는 계속 이루어져야 할 것이다. 다만, 현재까지 이루어진 바처럼 몇 가지 특정한 이론에 지나치게 의존하여 좁은 시각과 단순한 이론적 틀을 통해 전체를 쉽게 재단해 버리는 우를 범해서는 안 될 것이다. 즉, 대상에 대하여 보다 다양한 이론을 폭넓게 적용하여 이 주제 영역에 대한 보다 풍부하고 다채로운 해석이 제시되어야 할 것이다.

둘째, 개혁교육학을 둘러싼 이론적 체계화 시도와 병행하여 역사적 차원에서 개혁교육학이라는 명칭으로 통용되는 대상과 관련된 시대적 · 공간적 특수성을 고려한 연구가 더욱 심도 있게 이루어져야 할 것이다.

이 연구 영역과 관련하여 향후 독일 학계에서 펼쳐질 긴 여정을 예견하면서도, 현재까지 이루어진 연구 성과를 바탕으로 불완전하나마 지금껏 파악된 바를 간략하게 정리하여 개혁교육학에 대한 대강의 상을 마련할 필요가 있을 것이다.

첫째, 개혁교육학을 대상으로 한 최근의 연구가 새로운 개념적 정의 및 이론적 체계화의 시도를 통해서 이 개념을 교육 현상을 바라보기 위한 일반화된 시각의 틀로 정형화시켜 나가는 경향이 있음에도, 개혁교육학은 여전히 특정한 역사적 고유성을 안고 있는 대상으로 파악되어야 한다. 욀커스 이후 학자들의 학문적 노력 및 성과에도 불구하고, 이 대상을 그들이 주장하는 바처럼 완전히 일반화된 개념으로 볼 것인가의 문제는 아직 논란의 여지가 많기 때문이다.

둘째, 그런 의미에서 개혁교육학은 특히 시대적 차원에서 19세기 말에서 20세기 초로 넘어가는 세기의 전환기를 배경으로 하는 특수한 현상으로 파악되어야 한다. 물론, 여기서 결코 잊어서는 안 될 점은 욀커스 이전의 학자들이 그랬던 것처럼 특정한 역사적 이벤트를 중심으로 개혁교육학의 시작과 끝을 구체적 연도로 표기하는 방식은 삼가야 한다는 점이다. 즉, 시대성은 고려하되 개혁교육학이 그 이전과 이후 시대의 교육학적 차원에서의 움직임과 매우 밀접하게 연결되어 있음을 반드시 염두에 두고 서술해야 한다는 것이다.

셋째, 공간적 차원에서 개혁교육학은 반드시 독일이라는 국가적 특수성과의 관련성 속에서 다루어야 한다. 물론, 이 대상에 대한 초기의 연구부터 개혁교육학이 지니고 있는 국제적 성격에 대한 강조가 늘 있어 왔던 것이 사실이다. 그러나 그 점을 감안하더라도 New Education이 되었든, Education Nouvelle이 되었든 그것이 각각의 국가에서 의미하는 바는 Reformpädagogik이 독일에서 의미하는 바와 결코 동일할 수 없기 때문이다. 이와 같은 맥락에서 베너와 켐퍼가 개혁교육학에 대한 이론적 일반화를 시도하였음에도 그들 역시 개혁교육학의 역사를 재구성하면서 결국 독일이라는 국가적 특수성을 결코 배제하지 않았음은 주목할 만한 일이다.

넷째, 그 어떤 학자의 시도가 되었든 완전한 이론적 체계는 아닐지언정 그들의 개념을 개혁교육학의 세부적인 내용을 파악하고 서술하기 위한 기본적인 설명 틀로 이용해야 한다. 예컨대, 쾨렌츠가 개혁교육학의 내부구조를 개인/사회, 인간/구조의 개념 쌍을 통하여 파악하고자 하였던 점, 베너와 켐퍼가 개혁교육학을 영원히 정상교육학과 변증법적 차원에서의 대결구조 속에 존재하는 개념 틀로 사용하였던 점을 범례로 삼아 개혁교육학의 범주에 속한 각각의 교육운동이나 이론을 서술하기 위한 설명 틀로 이용할 수 있을 것이다.

# 제 3 장

# 개혁교육학의 시대적 배경

## 1. 세기의 전환기와 위기 상황

### 1) 빌헬름 시대

북독일 연맹이 1870년 독일제국(Deutsches Reich)을 세우고 프로이센의 왕 빌헬름 1세가 독일의 황제로 선언됨으로써 제국은 완성되었다. 이 제국은 1918년 막스 폰 바덴(Max von Baden)이 바이마르 공화국을 설립할 때까지 존재하였는데, 그 출발부터 많은 문제를 안고 있었다(Rosenberg, 1974: 12). 이 시대를 다루는 현대의 사가(史家)들과 사회학자들은 황조시대(Keiserreich) 전 기간을 통하여 줄곧 위기를 야기하였던 근본적인 원인으로 당시 사회에 팽배하였던 경제와 정치 간의 팽팽한 긴장관계 속에서 나타난 단층(Verwerfung) 현상을 들고 있다. 즉, 당시에 경제적인 차원에서 이루어졌던 산업화의 영향으로 사회 전반에 걸쳐 일상적으로는 커다란 변동이 일고 있었던 반면, 정치적인 차원에서는 전래되어 온 경직된 구조가 그대로 당시의 정신적 문화를 지배하고 있었다.

잘 알려져 있듯이, 독일에서의 산업혁명은 서구의 다른 나라와 비교할 때 상당히 늦게 출발하였다(Wehler, 1983: 24). 1870~1871년까지의 독불전쟁이 끝나면서 갑작스럽게 시작된 독일의 산업혁명은 서구의 앞선 국가들의 기술 및 경제적 차원에서의 변화된 방식을 발 빠르게 쫓아가면서 놀라울 정도로 신속하게 진행되었고, 그에 따라 아주 빠른 시일 내에 발전의 간격을 좁힐 수 있었다. 1895년을 전후한 번영의 시대 동안 독일은 특히 석탄, 철강 등의 분야에서 이미 미국에 버금가는 발전을 이루었으며, 1914년에 이르러서는 전 세계를 통틀어 가장 큰 산업 강국의 대열에 낄 수 있었다.

이에 따라 사회의 모습은 매우 달라지기 시작하였다. 급속한 도시화 및 자본주의화 현상의 한 단면으로서 물질적 차원에서의 풍요로움의 흔적이 곳곳에서 눈에 띄기 시작하였다. 그러나 한편으로는 아직 준비가 채 되지 않은 상태에서 지나치게 급속도로 이루어진 도시화의 결과로 곳곳에서 비인간적인 폐해 내지는 문제가 발생하기 시작하였다. 이와 같은 모순적인 현상은 독일 내의 그 어느 곳보다 프로이센의 수도였던 베를린에서 가장 두드러지게 나타났다(Best, 1994).

지정학적으로 대륙의 한가운데 위치하고 있으며, 예로부터 프로이센의 심장으로 점차 거대해지던 베를린은 프로이센이 중심이 된 독일제국의 시대에 들어서면서 전 독일의 경제, 정치의 중심지로 급속하게 팽창하였다. 그에 따라 베를린은 세계적인 도시로 탈바꿈하였으며, 그와 같은 위상에 걸맞게 변화와 자유의 분위기로 꽉 차 있었다. 따라서 이처럼 매력적인 도시 베를린에 독일의 전 지역에서 지식인과 예술가들이 모여들어 문화적, 지성적 측면에서 활발하게 교류를 나누었던 것은 그리 놀랄 일이 아니었다(Schutte & Sprengel, 1997: 13-15). 그러나 베를린의 화려한 이면에는 급속한 인구 증가로 인한 심각한 주택문제와 실업문제가 숨어 있었다. 그리고 자본주의의 초기 발전 과정에서의 전형적인 문제인 노동자 간의 심한 경쟁 상황에서 비롯된 노동착취—아동의 노동문제를 포함한—등의 비인간적인 현상이 숨어 있었다(Schutte & Sprengel, 1997: 34-36).

그러나 이와 같은 급속한 변화의 물결과는 별개로 정치적인 차원에서는 전래된 가치를 고집스럽게 지켜 나가는 보수적인 현상이 지배적이었다. 프로이센의 세력이 가장 우세한 가운데 독일제국이 황국으로 설립된 이래, 프로이센은 그들 특유의 왕정체제를 전 독일로 확대시키고자 하였다. 여기에서 프로이센 왕정체제의 특성이라고 한다면 무엇보다 빌헬름 1세의 강력한 왕권하에 군사와 행정 그리고 외교의 삼자를 통합한 이른바 '보나파르트적' 전체주의 체제를 꼽을 수 있다(Vondung, 1976: 20-21). 이러한 특성은 특히 1862년 프로이센의 국무총리로 비스마르크(Otto von Bismarck)가 임명된 이후 더욱 강화되었었다.

1890년 이후 비스마르크가 퇴임하고 나서 '빌헬름 시대(Wilhelminische Ära)'가 출범한 이후에도 이와 같은 정치적 차원에서의 기본 구조에는 변화가 일어나지 않았다. 빌헬름 시대의 주인공이었던 빌헬름 2세는 그 스스로 비스마르크를 퇴임시켰음에도 철두철미하게 비스마르크주의의 추종자로서 황정적인 전체주의를 고수하였기 때문이다(Mann, 1964: 23). 물론, 정치적인 측면에서의 연속성 이외에 다른 측면에서는 황조시대 초기에 시작되었던 변화의 단초가 가속적인 변동 과정을 거듭하였다. 이 중 무엇보다 외교적인 차원에서의 변화가 주목할 만한 것이었다.

정치적인 측면에서 철저하게 비스마르크의 뒤를 이었던 빌헬름 2세는 외교적인 차원에서는 그의 선임자와 완전히 다른 길을 걸어갔다. 비스마르크는 프로이센 특유의 보수적 외교정책에 바탕을 두고 평화주의를 고수하였으나, 빌헬름 2세는 당시 서유럽에서 보편적인 흐름이라고 할 수 있는 제국주의적 팽창주의에 호감을 가지고 있었고, 갈수록 그와 같은 방향으로 호전성을 더해 갔다. 그에 의해 시작된 '새로운 흐름'이란 독일제국의 '세계지배 정치'를 꿈꾸는 '제국주의(Imperialismus)' 차원에서의 동경을 의미하는 것이었기 때문이다(Schöllgen, 1991).

### 2) 바이마르 시대

제1차세계대전의 종전 직후 베르사유조약이 체결됨으로써 독일은 여러 가지 면에서 새로운 위기 국면에 처하게 되었다(Kolb, 1988: 23-25). 그렇지 않아도 패전으로 인해 국가적 차원에서 불가피하게 감내할 수밖에 없던 자존감의 하락에 더하여, 이 조약이 체결됨으로써 부과된 승전국에 대한 전쟁피해보상 조항은 독일 경제를 급격히 불안정한 상태로 내몰았다. 이 같은 상황에서 베르사유조약 체결에 대한 독일 국민의 전반적인 정서는 애초부터 심한 반발감이 지배하고 있었다. 바이마르 공화국(Weimarer Republik)이 지속되던 기간 내내 베르사유조약에 대한 이러한 반감적 경향은 떨쳐내기 힘든 부담으로 작용할 수밖에 없었다

(Schulze, 1994: 203—204). 다음의 인용문은 바이마르 공화국이 출범하던 초기 독일인의 깊은 심중에 자리하고 있던 암중모색의 불안감을 잘 표현해 주고 있다.

> 지금 이 순간, 1920년 가을, 주위를 에워싸고 있는 분위기는 극심한 피로감과 소진감으로 가득 차 있어 상승(Aufstieg)과 완성(Vollendung)의 느낌은 전혀 찾아볼 수 없다. 이 시대는 쇠퇴기(Untergang)이자 과도기(Übergang)이며, 시작(Aufgang)이라고 해 봤자 먼동이 트기 훨씬 전 아직 어둠이 채 가시지 않은 암흑의 상태다. 이 시대는 르네상스 시대와 함께 시작되었던 문화(매우 풍요로우며 창조적인)가 그 생명을 다하는 시기이기도 하다. 이 종말은 매우 비극적이며, 고통스럽게 감내해야 하는 운명이다. 우리는 끄트머리에 도달하였음을 뚜렷하게 인식하기는 하나 아직 새로운 것의 탄생에 대해 이야기할 단계에는 이르지 못하였다. ……이 시기는 퇴락과 폐해, 고통스러운 비명과 짙은 의혹들로 가득 차고, 전쟁과 혁명, 돌풍과 희망이 공존하는 시대인 것이다(Best: 166—168).

독일 역사상 처음으로 의원내각제에 근거하여 구성된 공화국 체제로 출범하였던 바이마르 시대는 사실상 정치적인 차원에서도 그다지 안정된 기반을 다지지 못하였다. 1917년 러시아혁명의 강렬한 영향하에 발발한 '11월혁명(Novemberrevolution)'은 역사가들에 의해 일반적으로 진정한 의미에서 민초의 광범위한 지지를 확보한 가운데 조직적으로 이루어졌던 정치적 혁명으로 해석되기보다는 4년에 걸친 전쟁으로 인해서 지친 국민이 우발적으로 일으킨 일회적 사건으로 간주되곤 한다(Kolb, 1972: 279—292). 이렇듯 바이마르 공화국의 정치는 겉으로 표방하는 것에 상응하는 정도의 민주주의적 토대를 구축하지 못하였다고 할 수 있다.

카리스마 넘치는 좌익 투쟁가였던 로자 룩셈부르크(Rosa Luxemburg)와 칼 리프크네히트(Karl Liebknecht)의 처참한 암살로 스파르타쿠스단을 포함한 급진적 혁명 추종 세력은 사실상 무력 진압된 상태였고, 이로써 뚜렷한 정치적 비전과 도덕적 정당성을 확보하지 못한 바이마르 정부는 좌파 성향의 국민에게조차 충분한 지지를 받지 못하고 있었다. 하물며 독일제국 시대에 깊게 뿌리 내리고 있던 우파 세력으로부터의 지지는 상상조차 할 수 없는 일이었다. 특히, 보수 진영이 내세운 '등 뒤의 비수론(Dolchstoß-Legende)'은 좌파 진영에게 제1차세계대전에서의 패전의 책임을 전적으로 떠넘김으로써 스스로 감당하기 버거웠던 전후의 후유증을 해소하기 위한 수단으로써 효과적으로 이용되곤 하였다.

결국, 지극히 온건적 성향의 다수파 사민당이 중심이 되어 이끌던 바이마르 공화국은 좌익과 우익 양 진영 모두를 만족시키지 못한 채, 실로 다양한 정치적 집단이 저마다 더 큰 세력을 선점하기 위해 치열하게 경쟁하며 난무하기에 매우 적합한 무대를 제공하였다고 할 수 있다. 이렇듯 바이마르 시대가 직면한 정치적 위기는 무엇보다 국민 전반의 합의를 도출하지 못하였다는 의미에서 심각한 정도로 정통성 및 권위가 결여되어 있던 상황에서 찾을 수 있다(Bracher, 1988: 459). 이로써 바이마르 시대를 줄곧 관통하며 지배하였던 비(非)권위적 분위기는 한편으로는 당시 지극히 다채롭게 전개된 정치적 다원주의를 낳게 한 모태를 제공하기도 했지만, 다른 한편으로는 1919년 이전 시대부터 전승된 국수주의적, 민족주의적 경향성이 그 어떠한 저지 세력과의 부딪침 없이 점점 더 견고한 조직을 갖춘 정치집단으로 성장할 수 있도록 최적의 조건을 마련해 주었던 셈이다.

그나마 바이마르 시대가 후일 '황금의 20년대(Goldene Zwanziger Jahre)'라는 별칭을 얻게 된 것은 정치적, 경제적으로 다소 안정을 찾을 수 있었던 1923년 이래로 약 7~8년 동안 문화적 차원에서 지극히 풍요로웠던 번영기를 맞이한 덕이었다. 결국 11월혁명 이후 형식적으로나마 전통적 군정제가 막을 내림으로써 정치적 무(無)권위, 무(無)방향이 도래하였고, 이러한 분위기 속에서 지극히 다양한 내용과 형식의 문화적 차원에서의 실험이 이루어졌다. 이러한 경향성은 마침내 표현주의(Expressionismus), 신(新)즉물주의(Neue Sachlichkeit), 다다이즘(Dadaismus) 등의 경향으로 발전하였다(Kolb, 1984: 93-95).

또한 다소 엉성한 형태이기는 했으나 민주주의적 정치체제가 성립되고 기술문명이 발달함에 따라 '대중(Massen)'이라는 개념에 걸맞은 집단의 형태가 출현하였던 점도 언급해야 할 것이다. 바로 이 같은 경향에 상응하는 것으로써 한편으로는 신문, 방송 매체나 영화를 중심으로 하는 소위 '대중문화'와 함께 당시 기술문명이 급속히 발전해 있던 미국에 대한 동경심, 즉 '아메리카주의(Amerikanismus)'가 형성되기도 하였으나, 동시에 그와 같은 경향에 대한 날카로운 지적과 비판을 주제로 한 작품도 등장하기 시작하였다(Peukert, 1987). 후자의 경향에 속하는 대표적인 예로, 게오르게 그로스(George Grosz), 오토 딕스(Otto Dix)와 같은 화가는 표현주의와 신즉물주의 경향에 내포되어 있는 지극히 냉정하고 객관적인 시각으로 세계대전의 후유증과 자본주의의 모순, 대도시의 병폐 등을 날카롭게 비판하였다. 이들은 그와 같은 상황 속에서 겪어야 하는 인간의 절대적인 소외와 고통을 그들 특유의 날카로운 세부 묘사와 강렬한 색체를 통해 드러내고자 하였다.

물론, 이러한 황금기는 1929년의 세계경제공황 이후 극심한 인플레이션과 대량 실업의 영향으로 막을 내리게 되었으며, 정치에서와 마찬가지로 문화적 차원에서도 우익 보수 세력과 좌익 급진 세력 간의 충돌이 심화되는 '양극화' 현상이 나타나기 시작하였다(Peukert, 1987).

여기에서 우익 보수 경향에 속한 예술은 제1차세계대전 이전에 이미 형성되어 있던 속물적 민족주의에서 한걸음 더 나아가 보다 혁명적인 성격을 띤 공격적 국수주의로 변질되었으며, 이 같은 분위기 속에서 표현주의와 신즉물주의 예술은 문화 볼셰비즘(Kulturbolschewismus)으로 간주되기 시작하였다(Kolb, 1984: 94). 이러한 경향은 이후 1930년의 「공화국보호법」과 1931년의 「출판긴급조치법」에 기초하여 검열과 금지, 탄압으로 이어졌으며, 1932년 나치정권이 들어서면서 일체의 좌익 계열의 예술은 독일에서 완전히 추방당하는 비극적 운명을 맞이하게 된다.

## 2. 문화비판과 학교비판

### 1) 교양시민계층과 문화비판

앞에서 서술한 경제적, 정치적, 사회적 차원에서의 위기 상황은 당시 독일 사회의 여러 국면에 변화를 가져왔다. 이는 당시를 살아가고 있던 동시대인들에게는 구체적인 생활 속에서 감지

될 수 있는 성질의 것으로, 사실상 사회 내의 다양한 집단 모두에게 예외 없이 큰 영향을 미쳤다고 할 수 있다. 그러나 상대적으로 비교할 때 당시의 변동적인 상황 내지는 위기를 가장 민감하게 체험하였던 집단은 '중간계급'이었던 것 같다. 19세기를 흔히 시민(Bürger)의 시대라고도 부르지만, 19세기 중반부터 제1차세계대전이 발발하기 직전인 1914년까지의 기간 동안 중간계급은 근대적인 의미에서 독자성을 띠면서, 급속히 발전하고 분화되었다.

이 글에서 특별히 비중이 큰 특수 계급 집단으로서 교양시민계층(Bildungsbürgertum)은 전체 시민계급(Bürgertum)의 틀 속에서 하나의 특수한 부분 집단으로 형성되었다고 할 수 있다. 벨러(Hans-Ulrich Wehler)가 지적하듯이 서구 유럽 그 어느 나라의 그 어떤 계급적인 집단도 바로 이 교양시민계층만큼 오랜 기간에 걸쳐 역사적인 차원에서 큰 영향력을 지닐 수 없었다(Wehler: 221). 여기서 벨러가 지적한 역사적 차원에서의 의미란 바로 이 연구의 주요 관심 영역이기도 한 세기의 전환기라는 시대적 특수성과 독일이라는 국가적 특수성, 그리고 이러한 특수성에 근거한 위기 상황과 밀접하게 연결되어 있다.

교양시민계층은 독일의 역사 속에서 그 어떤 사회적 계층보다도 독일 고유의 문화적 특수성을 가장 많이 가지고 있는 매우 독특한 성격의 사회집단이었다. 또한 이 계층은 여러 학자에 의해 이미 역사 속에서 사라진 계층으로 분류되고 있는 만큼 철두철미하게 특정한 시대에 묶여 있다. 교양시민계층은 특히 여러 측면에서 서구의 다른 나라에서 볼 수 있는 일반적인 지식인 계층과 구별되는 특징을 지니고 있다.[1)]

교양시민계층은 경제시민계급과 무엇보다 교육적, 문화적 소양(Bildung) 면에서 뚜렷하게 구별되었다고 할 수 있다(Conze & Kocka, 1985: 11). 특히, 여기서 다시금 강조되어야 할 점은 이 구별이 무엇보다 교양시민 자신들에 의해서 이루어졌다는 점이다. 즉, 그들은 경제시민이 지닌 기반으로서의 경제적인 수단 또는 능력을 자신들의 존재 기반인 '문화적 재화(Bildungsgut)' 보다 저급한 것으로 규정하고, 그 변별성 속에서 마치 경제시민들

---

1) 교양시민(Bildungsbürger)이란, 첫째 독일의 사상가 훔볼트(Wilhelm von Humboldt)에 의해 전개된 신인본주의(Neuhumanismus)의 강한 영향하에 설립된 김나지움과 대학의 전통 속에서 교육받은 지식인을 의미한다. 즉, 교양시민은 신인본주의적 차원에서의 이상적인 인간상, 다시 말해 일반적인 인문교육의 차원에서 고도의 문화적 소양을 갖춘 '예술인' 이자 '교양인' 으로서의 지식인상을 추구하였던 이들이다. 둘째, 교양시민이 전통적인 교육과정을 통해 습득하는 지식은 고대 그리스 사상에서 비롯되는 중심 개념과 덕목, 그리고 독일 특유의 철학인 독일관념론(Deutscher Idealismus)의 차원에서 성립된 사변성과 이상주의를 포함하고 있다. 또한 훔볼트의 신인본주의와 밀접하게 연관되어 있는 것으로서 독일적인 낭만주의에서 비롯된 미학(Ästhetik)에 대한 깊은 관심도 교양시민이 갖추어야 할 기본적인 소양에 속한다. 더 나아가 교양시민계층은 독일의 경건주의(Pietismus) 전통에 영향을 받아 엄격한 종교적 규율과 내면적인 제재하에 매우 금욕적인 성향을 나타낸다. 즉, 삶의 제반 영역 중 '정신' 의 영역에 높은 가치를 두는 반면, 물질 및 육체의 차원은 서부하는 경향이 있었다. 이와 같은 기본적인 생활 태도에 바탕을 두었던 교양시민은 일정하게 현실도피적인 삶을 살아가는 성향을 지녔다. 셋째, 독일의 교양시민은 일정하게 민족주의적 성향을 지닌다. 독일에서의 신인본주의적 운동이 고대 로마의 전통을 계승하려 하였던 프랑스와는 달리 그리스적인 고대로 회귀하려 하였던 데서 드러나듯이, 독일인은 신인본주의운동을 통해 당시 프랑스 중심적인 문화의 경향성에 반발하고자 하였다. 넷째, 독일의 교양시민계층은 다른 유럽의 나라에 비해 관료계급(Beamtentum)에 속해 있는 비율이 높았는데, 이는 역사적으로 시민계층이 형성되어 가는 과정에서 독일은 특히 '국가고사(Staatsexamen)' 를 통해 전문가 계층을 양산해 나갔기 때문이다.

이 그들의 기반을 공고히 하기 위한 수단으로서 자본(Kapital)을 확대·재생산하던 것과 마찬가지로 그들 자신의 기반을 특유의 문화적 제도를 통해 확대·재생산하였다.

그러나 교양시민계층을 하나의 고유한 계급으로 규정 짓게 하였던 점은 그러한 계급 구조상의 내부적인 변별성이라기보다는 오히려 당시의 시대적인 상황을 배경으로 한 정치적, 사회적 차원에서의 특수성이었다. 결론부터 이야기하자면, 이 계급은 당시 독일 사회에서 정치적으로 제대로 자리 잡지 못한 계급이었으며, 이와 같은 양상은 세기의 전환기에 특징적으로 나타났던 위기 상황과 밀접하게 관련되어 있었다. 특히, 앞서 지적한 바와 같이 정치, 경제적으로 불안정한 상태를 이 계급은 가장 민감하게 받아들였다. 이 계급은 이 같은 위기 상황을 강화하는 역할을 한 동시에 자신들이 유발시킨 위기 상황의 희생자이기도 하였다.

사실상 교양시민계층이 처음 발생하던 시절에는 타국의 지식인 계층과 별로 다를 바가 없었다. 일반적으로 논의되는 시민계급의 정신적인 근간이 계몽사상이라고 할 때, 독일의 교양시민계층도 바로 이 사상의 전통 속에 있었다. 그러나 프랑스에서 계몽사상이 지식인층에 의해 충분히 수용되어 그들이 후일 실제적인 정치 세력으로 성장하고 전체주의를 물러나게 하는 혁명적인 힘으로 작용하였던 반면, 독일의 교양시민계층은 그러한 힘으로 성장할 수 없었다. 이를 좀 더 자세히 설명하면 다음과 같다.

먼저, 경제적인 차원을 보면, 타국에서의 시민계급의 경우 시민계급의 형성과 산업혁명으로 인한 자본 형성의 속도가 일치되어 충분히 한 계급으로서의 자아의식이 형성되고 정치적인 힘을 키울 수 있을 만큼 시간적, 경제적으로 뒷받침되는 충분한 여유가 주어졌다. 그러나 독일에서는 교양시민계층을 포함하여 전 시민계층에게 그럴 만한 바탕이 마련되지 않았다. 앞서 서술하였듯이 서구의 여타 열강과 비교할 때 독일에서는 산업혁명이 늦게 시작되었으며, 그 이후 타국과 같은 수준으로 산업화 및 자본주의화가 형성되기는 하였으나 그것이 아주 단시간 내에 이루어진 만큼 그들에게 산업화란 단지 물질적인 차원에서 겉으로 드러나는 풍요로움으로 경험될 뿐 시민 전체에게 그 이상의 문제의식이 형성되고 비판할 만한 여유가 주어지지 않았던 것이다.

이와 같은 상황 속에서 그나마 1848년 노동운동의 실패 이후 그 명맥을 유지하고 있던 사회주의 세력은 빌헬름 시대로 들어서면서 프로이센적인 왕정정치하에, 즉 지극히 보수적인 계급성에 바탕을 두고 그것을 군사적인 위력으로 보강하고 있던 비스마르크의 철권정치에 여지없이 짓밟힐 수밖에 없었다(Wolter, 1986). 비스마르크가 당시의 사회주의자들에게 대항하기 위하여 이용한 방법은 두 가지 방향으로 나타난다. 첫째는 강제적인 탄압이다. 군대를 통하여, 그리고 사회주의 관련자 처벌법(Sozialisten-gesetz)과 그 밖의 처벌에 관련된 작은 법규를 통하여 사회주의적인 신조를 띠는 집단은 조직적으로 제외되었다. 둘째는 국가적 차원의 보험제도를 이용한 유화작전이다. 이는 노동조합의 결성 노력을 무력하게 만드는 데 효과적이어서 사회주의 집단의 와해 기능을 담당하였다. 이와 같은 상황에서는 비록 다수가 사회민주주의적 성향을 띤 세력으로 구성되어 있다할지라도 제국의회(Reichstag)의 기능이 무력할 수밖에 없었던 것은 당연한 일이었다.

또 하나 교양시민계층이 지니고 있던 문제 중 하나는 이 집단이 전체 시민계급의 조화로운 단결을 이루는 데 실패하였다는 점이다(Conze & Kocka, 1985: 184). 이는 타국에서는 일반 시민 간에 통합적인 단결이 가능하였고, 그럼으로써 정치적으로 위력이 강한 세력집단으로서의 위치를 점할 수 있었던 점과 비교할 만하다. 물론, 여기에서 교양시민계층이 그럴 수밖에 없었던 데는 앞서 제시한 경제 차원의 문제가 큰 역할을 하였다.

당시 독일의 경제시민계급은 급속한 산업화 및 자본주의화의 물결 속에서 그만큼 빠른 속도로 세력을 강화해 가고 있었으며, 그런 맥락에서 그들에게는 시민계급에 대한 정치적 차원에서의 탄압이 거의 문제시되지 않았다. 문제가 되기는커녕 그들은 당시 지배하고 있었던 정치적 엘리트 계층과 더불어 나름대로의 위치에서 주도적으로 그 시대를 함께 만들어 가고 있었다. 특히, 이런 과정은 당시 서구 국가의 제국주의적인 팽창과 발맞추어 나란히 이루어졌다. 따라서 무엇보다 대자본가들은 자신의 자본가적인 욕구를 충분히 만족시키면서 동시에 애국자가 될 수 있었다. 특히, 전투함대의 증강은 빌헬름 2세의 제국주의적인 야망에 힘입어 석탄, 철강 산업과 연계되어 무비판적으로 이루어졌다(Conze & Kocka, 1985: 75).

소시민계층(Kleinbürgertum)의 경우도 독일의 산업 및 경제의 발전에 크게 기여하고 있었다. 빌헬름 2세의 제국주의적 야망이 시간이 흐를수록 고조됨에 따라, 독일제국 내에서는 그때까지 일반적이었던 인문과학을 강조하는 분위기에서 자연과학 내지는 실용적인 차원에서의 기술 분야를 강조하는 분위기가 전반적으로 조성되기 시작하였다. 소시민계급이 팽창하고 이 시대에 그 중요성이 배가되었던 것은 무엇보다 1898년 제국학교회의(Reichsschulkonferenz)에서 빌헬름 2세가 취하였던 조치에서 단적으로 드러난다(Heydorn & Konneffke, 1973). 이 회의에서 빌헬름 2세는 실과학교(Realschule)와 상급 실과학교(Oberrealschule)를 인문계 김나지움과 동등하게 취급할 것을 선언하였다.

이렇게 소시민계층을 포함한 경제시민계급이 세력을 확장해 가는 현상과 비교할 때, 교양시민계층의 경우 완전히 상반되는 상황에 처해 있었다. 독일 사회 내에서 경제시민계급의 위치가 공고해질수록 당시 교양시민계층이 가지기 시작한 위기감은 점점 강도를 더해 갔다. 즉, 이 계급은 위로부터는 자본가적 경제계급에 의해 국가권력에의 참여에서 소외되고 있었으며, 아래로부터는 소시민계급의 성장에 위협을 느끼고 있었다.

이와 같은 상황 속에서 교양시민계층이 겪었던 위기는 무엇보다 사회심리학적 차원에서의 '정체성 위기'라고 할 수 있다. 이 계급은 결국 왕조시대와 바이마르 공화국 시대를 거치면서 차츰 몰락해 갔다고 할 수 있다. 이 계급과 그들을 대표하는 '인문주의적 세계(humanere Welt)' 전반의 몰락상이 토마스 만(Thomas Mann)의 유명한 소설에 등장하는 부덴브로크가(Buddenbrooks)에 대한 이야기에서 상징적으로 드러나듯이, 빌헬름 시대에 교양시민계층의 사회적 위상은 매우 불안정하였다(Conze & Kocka, 1985: 80). 바로 이런 문제 내지는 갈등적 상황을 극복하고자 하는 과정에서 교양시민계층은 서로 명료하게 분리될 수 없음에도 크게 두 방향으로 나누어지는 길을 택하였다.

즉, 일부 교양시민계층은 노동운동의 계열에서 그와 같은 신조를 계속 충실하게 지키고자 하였다(Füllberth, 1972). 이들 집단은 당시 사회민주당(SPD), 독립사회민주당(USPD) 등의 진보적인 정당을 이루고 이를 바탕으로 지배계급, 즉 비스마르크와 이후 빌헬름 2세하의 절대주의적인 보수주의와 투쟁을 계속하였다. 물론, 그들의 투쟁은 결코 성공적인 것은 아니었다. 앞에서 밝힌 바와 같이 사회주의자들에 대한 탄압과 노동자계급에 대한 유화정책은 그들의 단결력을 약화시켰고, 이에 따라 그들이 정치적으로 성장하기 위해 힘을 모으는 데 커다란 방해 요소로 작용하였기 때문이다.

한편, 지배계급과의 친밀한 관계를 유지하면서 그들과 협조하는 층도 있었다. 그들의 모습은 아주 다양한 형태로 드러났으나, 그중에서 가장 중심적인 부류는 철저히 경제시민계급의 이해관계와 결탁하였다. 그들은 비스마르크에서 빌헬름 2세로 이어지는 지극히 보수적이고 국수주의적이며 동시에 제국주의적이면서 호전적인 이데올로기에 스스로를 일치시킴으로써 경제시민계급과 마찬가지로 상실감을 보상받았다. 그들은 스스로가 지니고 있는 특유의 재생산 기능을 그들 이데올로기의 정치적 선전(Propaganda)을 위해 이용하였다.

교양시민계층의 이중성은 무엇보다 그들이 스스로의 정체성을 정의하는 데 매우 애매한 입장을 취하고 있는 데서 드러난다(Conze & Kocka, 1985: 112-113). 특히, 정치적인 문제에 대한 애매성 내지는 불투명한 태도는 그들이 정신적인 차원에서 깊은 내면의 세계로 후퇴하는 모습을 보여 주고 있으며, 한편으로는 제1차세계대전에서 극단적인 민족주의나 에른스트 윙어(Ernst Jünger)의 작품 세계에서 드러나는 바와 같은 폭력미학적인 호전

성으로 탈바꿈하여 젊은이들을 전쟁터로 몰아내는 쪽으로 표출되었다고 할 수 있다.

그러나 이와 같이 크게 두 가지 방향으로 입장이 나뉨에도 불구하고 이들 교양시민계층의 좌익과 우익 모두에서 상당히 공통적으로 나타났던 특징은 민족주의적인 차원에서의 이데올로기 생산이었다. 이와 같은 그들의 성향은 제1차세계대전이 발발할 무렵 「1914년의 이념들(Ideen von 1914)」에서 가장 첨예한 형태로 나타났으며, 이는 대전 중간에도 계속되었다. 물론, 이 이념들은 독일이 세계대전에서 참패하면서 한풀 꺾일 수밖에 없었다. 그렇지만 그러한 현상이 나타나도록 하였던 근본적인 원인이 완전히 사라진 것은 아니었으며, 문제는 종전 이후 바이마르공화국에 이르기까지 해결되지 않은 채 계속 존재하고 있었다.

지난 세기말 전후의 독일이 처할 수밖에 없었던 위기 상황에 접하여 교양시민계층이 보였던 반응은 이제 다루게 될 문화비판의 내용 속에서 두루 발견된다. 물론, 문화비판은 엄연히 당시 사회의 전반에 걸쳐 팽배해 있던 문제에 대하여 이루어진 객관적인 차원에서의 비판임에 틀림없다. 그러나 문화비판을 교양시민계층이라는 사회계층적인 시각에 비추어 볼 때, 그 내용은 이 계층에 속한 지식인들이 그들의 입장에서 주관적으로 체험한 사회 현실의 문제에 대한 비판을 담고 있음을 확인하게 된다. 따라서 문화비판은 당시의 사회에서 교양시민이 일정하게 사회심리학적 차원에서 감지하고 있던 불안감 내지는 불만족의 표출이었던 동시에, 그들 내부에 잠재되어 있던 욕구와 희망이 매우 다양한 방향으로 투사되어 나타났던 일종의 미래를 향한 비전이자 유토피아였다고 할 수 있다.

결국, 문화비판 속에 내포되어 있는 교양시민의 미래를 향한 비전은 당시 사회가 처해 있던 위기 상황을 극복하고 더 나은 사회로 나아가고자 하는 '희망' 으로 연결되었다. 문화비판은 바로 그러한 측면에서 사회 전반에 걸쳐 매우 다양하고 광범위하게 표출되었던 일련의 운동을 가능하게 한 동력으로 작용하였다고 할 수 있다. 이때 그러한 운동의 주체는 교양시민계층에 속한 이들이었다. 그에 따라 당시 이루어졌던 운동은 그것이 밖으로 표출되었을 때 나타난 구체적인 차원에서의 다양성에도 불구하고 몇 가지 공통점을 보여 주고 있다.

첫째, 문화비판에서는 흔히 주체, 즉 자아의 모습이 지나치게 '이상화(Idealisierung)' 되어 있는 점을 발견하게 된다. 앞서 지적하였듯이 교양시민은 바이마르 공화국 시대에 들어서서 시간이 경과함에 따라 사회 내에서 차츰 경제적, 정치적, 정신적 기반을 잃어가게 된다. 결국 교양시민에게 가장 문제가 되었던 점은 '자아정체성' 의 상실이었다. 이 문제에 대해 교양시민은 스스로 '내면의 왕국(das innere Reich)' 으로 도피함으로써 문제를 극복해 보고자 하였다. 이러한 과정을 통해서 나타난 결과는 다소의 우울증(Melancholie)과 자기연민(Selbstmitleid)의 증상들이었다 (Lepenies, 1972). 그러나 이러한 상태에서 그들은 재빨리 '자아감의 자기도취적 상승(die selbstherrliche Steigerung des Ichgefühls)' 또는 '정신세계의 극단적인 승고화(Übersublimierung des Geistes)' 의 방향으로 나아갔다. 이러한 경향성은 당시의 문학이나 예술 세계 속에서 뚜렷하게 나타나고 있는데, 특히 당시 독일의 지성 세계를 풍미하던 독특한 문학 및 예술 사조로서의 표현주의

(Expressionismus)에서 이러한 경향성을 쉽게 발견할 수 있다(Best, 1994). 시문학과 드라마, 음악, 미술의 다양한 장르에 걸쳐 당시의 표현주의에 공통적으로 드러난 특성은 예술적인 수단을 이용하여 '내면의 우주(Universum des Innern)'를 매우 강렬하게 밖으로 표출해 내는 일을 주요 과제로 삼고 있다는 점이다. 결국, 그러한 '표출성(Expressivität)'을 강조함으로써 표현주의자들은 '자아(Ich)'의 이상성(Idealität)을 영구화하고자 시도하였다.

아마도 문화비판의 다양한 논의 중에 이와 같은 경향성을 가장 강하게 드러냈던 지식인은 니체(Friedrich Nietzsche)일 것이다. 그는 당시의 지식인 가운데 개혁교육학을 포함한 사회 전반의 개혁운동에 가장 광범위하며 심도 있는 영향을 끼쳤다. 특히, 그의 유명한 '초인(Übermensch)' 개념은 앞에서 언급한 자아감이 극도로 이상화된 형태의 인간상에 가장 가까울 것이다. 여기서 초인은 무리를 지어 몰려다니는 나약한 군상으로서의 '인간떼(Herdenmenschen)'로부터 스스로를 뚜렷이 구별하면서 그들 위에 우뚝 서는 강력한 카리스마와 파워를 지닌 '지도자(Führer)'를 연상시킨다. 결국, 문화비판의 범주 속에서 교양시민은 이와 같은 초인적 지도자를 중심으로 하여 새로운 세상을 열기 위해 변혁을 꾀하는 열망을 표현하였다고 할 수 있다.

이 점과 관련하여 한 가지 덧붙일 점은 그러한 강력한 지도자를 중심으로 하여 일으키고자 한 운동은 물질적인 차원에서의 변혁이 아닌 '정신혁명(Geistige Revolution)', 즉 '문화혁명(Kulturrevolution)'이었다는 것이다. 문화비판을 통해 교양시민은 당시 독일 전체에 만연해 있던 물질적 차원에서의 발전, 특히 급속한 산업화를 통한 '기계문명(Zivilisation)'의 눈부신 발전에 대항하는 자세를 확고히 하고자 하였다. 즉, 그들에게 온갖 비인간적인 현상의 근본적인 원인으로 파악되었던 '문명'은 궁극적으로 '문화'를 통해 극복되어야 하는 것이었다.

둘째, 문화비판에서는 바로 앞에서 서술한 자아, 특히 자아가 지니고 있는 정신세계를 극단적으로 이상화·숭고화하는 경향성과 함께 이와는 대조적으로 '전체성(Totalität)'을 지극히 강조하는 경향성이 발견된다(Sieferle, 1995: 13-15). 당시의 자료를 살펴보면 '통일성(Einheitlichkeit)', '공동체(Gemeinschaft)', '전일성(Ganzheitlichkeit)' 등의 개념이 상당히 자주 눈에 띄는 점을 확인하게 된다. 이들 개념이 내포하는 의미는 조금씩 다르지만, 모두 작디작은 개개의 인간이 제각기 개체성을 지닌 채 따로따로 분리된 상태로 존재하는 것이 아니라 국가, 민족 등의 커다란 틀 속에서 유기적으로 긴밀하게 연결되어, 궁극적으로는 그 개인을 포함하는 전체에 귀속되어야 함을 강조한다는 점에서 공통된다.

앞에서 교양시민계층이 자아정체성을 상실한 점에 대해 논한 바 있다. 이를 '전체성' 문제와 관련시킨다면 교양시민은 여러 가지 차원에서 왜소화되고 위축되어 있던 개별적인 자아를 보다 넓은 범위에서 스스로를 포용하는 더 큰 자아로서의 공동체에 흡수시킴으로써 그 상실감을 극복하려 하였다는 해석이 가능할 것이다. 그런 의미에서 그 공동체는 '나'라는 존재가 매우 근원적인 차원, 즉 '피와 땅(Blut und Boden)'이라는 운명공동체적 차원에서 필연적으로 귀속되어 있는 전체를 의미한다. 그것은 일반적으로 익명의 수많은 인간이 임의적으로 이합집산하는 차원에서의 사회가 아니라 '국가(Nation)', '민족(Volk)' 또는 '민족

공동체(Volksgemeinschaft)' 등을 가리킨다. 따라서 그 공동체에의 귀속성은 합리적인 판단에 따라 언제든 해체될 수도 있는 우연적인 성격을 지닌 것이 아니라 심지어 죽음까지도 뛰어넘어 자손 대대로 영원히 지속되는 것으로 일정하게 공동체에 대한 '의무'까지도 함께 포함하는 것이다(Lübbe, 1963: 190).

당시 독일 내에는 독일 특유의 사회주의의 한 형태로서 '윤리적 사회주의(Ethischer Sozialismus)'라는 것이 존재하였는데, 이는 영국을 중심으로 한 '의회주의(Parlamentarismus)', '자유주의(Liberalismus)'와 소비에트 중심의 마르크스적 사회주의의 중간적인 형태의 사회주의를 의미한다(Sieferle, 1995: 13). 이때 윤리적 사회주의에서도 '자유(Freiheit)'라는 이념을 발견할 수 있는데, 여기서의 자유란 일반적으로 서구의 자유주의적 민주주의의 틀 속에서 발견되는 개인주의적인 자유가 아니라 늘 엄격한 도덕률—칸트(Immanuel Kant)적 차원에서의—을 바탕으로 하여 일정하게 전체 사회에 대한 의무와 책임을 전제한 상태에서 가능해지는 자유다.

셋째, 문화비판의 범주 안에서 이루어지는 논의에서 공통적으로 볼 수 있는 또 다른 경향성은 '비합리성(Irrationalität)'에의 경도다. 특히, 기술과 산업, 그리고 지극히 차가운 이성에 근거하여 엄격하고 합리적으로 경영되는 근대성(Modernität)의 세계에 대한 비판으로서 인간이 지니고 있는 감성, 감정과 같은 '따뜻한' 세계를 찬양하는 움직임이 눈에 띈다. 이와 같은 분위기 속에서 당시 독일에서는 여러 문화에 배경을 둔 많은 종교가 매우 활성화되었으며, 더 나아가 신화와 신비의 세계, 밀교(Okkultismus)와 영혼주의(Spiritismus)를 찬양하는 경향이 강하게 나타났다(Herrmann, 1987).

이런 경향성에 대해 논할 때 우리는 다시금 니체에게 눈을 돌리게 된다. 니체는 그의 대표적인 저서 『비극의 탄생(Die Geburt der Tragödie)』에서 삶을 영위하고 또 해석하는 데 두 가지 대조적인 유형이 있다고 하였는데, 그중 하나는 '아폴론적인' 것이고 다른 하나는 '디오니소스적인' 것이다(Nietzsche, 1981). 니체에 따르면 '아폴론적인' 것은 사물을 이성의 힘으로 명료하게 구획 짓고 논리적으로 정리하고자 하는 인간의 한 측면인 반면, '디오니소스적인' 것은 서로 뚜렷하게 구분되는 개체성이 존재하지 않는 집단적이며 쾌락적인 감성적 차원에서의 욕구다.

니체는 인간의 삶이 근원적인 차원에서 내포하고 있는 진정한 '힘'은 디오니소스적인 심연에서 비롯되므로, 그것을 억제하는 아폴론적 요소는 인간의 힘이 자유롭게 발산되는 것을 억압하는 역할을 수행할 뿐이라고 보았다. 그리하여 니체는 고대의 비극에서 자유롭게 발산되던 디오니소스적 차원이 유리피데스가 소크라테스의 이성주의를 수용함과 동시에 억제되기 시작하였다고 주장하면서, 그러한 이성주의를 극복하고 '삶(Leben)' 자체로 돌아갈 것을 요청하고 있다.

이와 같은 니체적 입장에서의 '비합리성'에 대한 찬양은 문화비판적 시각에서 쓰인 문헌에서 매우 흔하게 발견할 수 있는데, 이때 '삶', '진실한 것(das Wahre)', '진정한 것(das Echte)' 등의 개념을 같은 맥락에서 함께 다루고 있음을 볼 수 있다. 결국, 당시 대중의 큰 호응을 얻었던 '삶의 개혁운동(Lebens reformbewegung)'에서 핵심적인 개념이라고 할 수 있는 '삶'은 바로 니체적 시각에서의 '삶'이라고 하겠다.

니체의 비합리주의와 관련하여 한 가지 더 짚고 넘어갈 것이 있다. 그것은 그가 인간이 지니고 있는 '이성'과 '합리성'의 세계를 신랄하게 비판함으로써 칸트 이래 인간이 본성적으로 지니고 있는 것으로 파악되던 이성 능력(Vernunft)과 그 능력을 바탕으로 해서만 가능하였던 인간의 자율성(Autonomie), 성숙성(Mündigkeit) 등의 주요 개념이 일시에 그 본래의 의미를 잃어버렸다는 점이다. 어차피 니체의 세계에서는 '선'과 '악'의 개념이 모호하지만, 니체의 우상 파괴적이며 도발적인 서술을 통해 근대적인 차원에서의 '주체(Subjekt)' 개념이 파괴되면서 '도덕'과 '윤리'의 차원이 더 이상 이전과 같은 중요성을 지닐 수 없게 되었다고 할 수 있다.

넷째, 제1차세계대전을 전후한 시기에 이루어졌던 문화비판의 내용에는 염세주의적이며 아포칼립스적인 경향성이 짙게 나타난 것을 확인할 수 있다(Vondung, 1976: 153-171). 교양시민은 유럽 전역에 걸쳐 지배적이었던 세기말의 데카당스적 분위기에 많은 영향을 받은 가운데 세계의 멸망을 예견하는 동시에 이후 새롭게 밝아올 새 시대를 꿈꾸는 양면적인 모습을 보여 주고 있다. 그러나 소위 정상적이라고 판단되는 일상사 속에서는 그러한 새로운 시대가 결코 저절로 다가오지는 않을 것이므로 뭔가 커다란 변혁이 반드시 일어날 것이라는 기대가 교양시민 사이에 지배적이었다. 이와 같은 기대는 엉뚱하게도 '전쟁'이 발발할 것을 염원하는 방향으로 발전하면서 교양시민 중 다수가 에른스트 윙어의 경우와 유사하게 전쟁 찬미자가 되었다. 이러한 경향성은 주로 제1차세계대전을 전후하여 두드러지게 나타났으며, 특히 앞서 언급한 바 있는 「1914년의 이념들」에서 전형적인 논의의 예를 발견할 수 있다. 빌헬름 2세의 제국주의적인 야망에 따라 인접 국가들과의 국제외교적인 관계에서 긴장이 첨예하게 고조되는 가운데 교양시민은 이러한 긴장 상태에서 오는 불안감을 이 이념 속에서 극도로 과장된 애국심으로 표출하고 있다.

앞서 서술하였듯이 이후 독일은 제1차세계대전에서 참패함으로써 베르사유조약을 체결하였고, 바이마르 공화국이 출범하면서 전쟁에 패배한 대가로 엄청난 부채를 짊어지고 다시금 새롭게 위기 상황에 직면하게 되었다. 이에 대한 반응으로 일부 교양시민 가운데 '보수혁명(Konservative Revolution)' 이라는 독특한 성격의 정치적 흐름을 좇는 자들이 출현하게 된다(Sieferle, 1995). 이렇듯 당시의 문화비판 속에서 교양시민은 때로 지극히 과장되고 속된 의미에서 이루어진 '독일 찬미(Deutschtümelei)' 에 골몰하는 모습을 보이기도 하였다. 무엇보다 피상적이고 속된 독일 찬미의 경향성이 뚜렷하게 나타나는 예는 문화비판에서 니체 다음으로 큰 위치를 차지하고 있는 드 라가르드(Paul de Largarde)와 랑벤(Julius Langbehn)에서 찾을 수 있을 것이다(Röhrs, 1980: 20-45).

김나지움 교사였던 드 라가르드는 피히테(Johann Gottlieb Fichte)에게서 '국민교육(Nationalerziehung)' 운동의 영향을 많이 받은 전형적인 교양시민이었다. 그는 1891년 출간된 『독일문서(Deutsche Schriften)』라는 저서로 유명해졌는데, 이 책에서 그는 종교에 부여된 본연의 역할과 과제에 대해 논하고 있다. 특히, 그는 마치 피히테가 그랬던 것처럼 종교가 가지고 있는 '국민교육' 의 차원을 강조하면서 종교를 통하여 독일 내에 만연한 '로마주의(Romanismus)' 를 극복해야 할 것이라고 주장하였다.

언어학자이자 고고학자였던 랑벤은 니체의 절대적인 영향을 받았으며 드 라가르드처럼 전형적인 교양시민이었다. 그는 1890년에 『교육자로서의 렘브란트(Rembrandt als Erzieher)』라는 책을 출간함으로써 독일 사회에서 일약 유명인사가 되었다. 그러나 그는 드 라가르드와는 달리 '예술(Kunst)'을 통해서 '독일인의 심성(Das detusche Herz)'을 되찾을 것을 호소하였다. 즉, 심미적인 도야를 통하여 근원적인 생명력을 느낌으로써 독일인으로서 타고난 '진정한 것(das Echte)'을 회복할 수 있다는 것이다.

결국, 두 교양시민은 세부적인 논의에서는 서로 다른 견해를 개진하고 있으나, 근본적으로는 당시의 문화에서 보이는 '피상성' 내지는 '자기소외'의 측면을 나름대로 진단 · 비판하면서 독일인으로서의 진정한 삶을 찾아 건강한 자아정체성을 확립할 것을 요청하였다는 점에서 공통점을 보인다.

### 2) 당시의 교육현실과 학교비판

앞서 논의한 것처럼 독일의 역사 속에서 개혁교육학은 궁극적으로 이전의 독일 사회에서 지배적인 위치를 점하고 있던 교육현실 속에서 체험되던 심각한 문제를 이론과 실천의 양측 모두에서 해결하고자 하였던 다양한 교육개혁적 시도들의 총합에 다름 아니다. 이때 개혁교육학의 범주 내에 속하는 교육이론가 및 실천가들이 '학교비판'의 차원에서 극복의 대상으로 삼았던 교육현실은 한마디로 '학습학교(Lernschule)'로 요약할 수 있다. '학습학교'는 독일 교육의 역사 속에서, 특히 17~19세기까지 정치적, 경제적, 사상적 측면에서 중세로부터 계몽주의적 시민사회의 형태로 역동적인 전환기를 거쳤던 시기에 교육 분야에 새롭게 요구되던 바가 구체적인 프로그램으로 제도화된 결과라고 할 수 있다.

독일의 역사 속에서 계몽주의가 점점 확산되기 시작한 17세기는 정치·경제 구조의 측면에서 볼 때 절대주의 왕조와 중상주의가 지배하였던 시기였다. 세상은 차차 중세봉건주의의 세습적 계급체제, 구원론적 내세관으로 얼룩진 미망의 시대에서 냉철한 합리주의, 이성주의가 지배하는 기술·과학의 시대로 전환하면서 철저히 세속화되고 현실적인 실용주의의 시대로 변모해 가고 있었다. 이와 같은 배경에서 당시 구체제(ancient regime)에 신랄한 비판을 퍼부었던 루소(Jean-Jacque Rousseau)의 근대적 사상과 그것이 정치적 차원에서 폭발점을 이루었던 프랑스대혁명, 그리고 이후 근대 유럽 전역에 퍼지기 시작한 계몽주의 철학은 독일 내에서 특히 교육의 분야에서 새로운 변화를 야기한 계기가 되었다. 루소의 교육사상과 프랑스대혁명의 영향을 거의 직접적으로 받았다고 할 수 있는 '박애주의(Philanthropinismus)'[2] 운동에서 비롯하여(Pinloche, 1914), 훔볼트의 신인문주의 이념이 담겨 있는 '교육제도개혁(Bildungsreform)' 프로그램은 19세기 프로이센의 교육제도가 국가적 차원에서 적극 개입하여 수립되는

2) 프랑스대혁명의 발발에 깊게 감동한 몇몇 뜻있는 '인간의 벗(Menschen-Freund, 즉 philanthrop)'들이 데사우에 '필란트로핀(Philanthropin)'이라는 학교를 열자, 이를 거점으로 다른 도시로 차츰 확산되기 시작한 교육개혁 운동이 바로 박애주의, 범애주의다. 이 운동의 대표적 인물은 바제도우(J. B. Basedow), 잘츠만(Ch. G. Salzmann), 캄페(J. H. Campe), 트라프(E. Ch. Trapp) 등인데, 이들은 당시의 경제·정치 구조가 지극히 현실적, 실용적 차원에서 요구하고 있던 바를 그들이 구성한 교육 프로그램을 통해 달성하고자 하였다.

데 중요한 기반이 되었다(Reble, 1967).

결국, 이러한 과정을 거쳐 구성 · 운영되기 시작한 프로이센의 교육제도는 앞에서 다룬 베너와 켐퍼의 이론적 틀 속에서 '정상교육학' 이라는 이름으로 불릴 만한 위치를 점하고 있던 것으로, 개혁교육학의 대변자들에게는 공통적으로 학습학교로 비판되던 대상이었다. 이 학습학교적 교육제도는 그것이 박애주의, 신인문주의의 영향하에 구성되었던 만큼 철저히 '근대성' 이라는 방향성에 포착되어 있었다.

루소의 교육사상의 적접적 영향하에 있었던 박애주의자들은 무엇보다 먼저 프랑스대혁명의 기본 이념이었던 '자유' 와 '평등' 을 그들의 교육실천 속에서 실현시키고자 하였다. 예컨대, 데사우의 필란트로핀에서 이루어진 교육에서 학생들의 타고난 신분 · 계급의 차이는 그다지 중요하지 않은 것으로 간주되었다. 데사우의 필란트로핀에서뿐 아니라 이후 슈넵펜탈에 세워진 잘츠만의 학교에서도 학생들의 성취 정도를 '점수표(Meritentafel)' 에 표시하곤 했는데, 이 표를 작성해 나가는 과정에서 자연스럽게 학생들 상호 간에 비교와 경쟁의 분위기가 조성되었다. 이로써 각 개인이 지니고 있는 성취 가능성이 최대치까지 발현될 수 있었나. 이러한 과정을 통해 박애주의자는 봉건주의 시대 동안 혈통 및 계급에 따른 개인의 성취 능력, 즉 그의 과거 및 가정적 배경과 미래의 직업 및 성공 가능성 사이에 존재해 왔던 긴밀한 연결고리를 단호하게 끊어 버린 셈이었다.

또한 박애주의자들은 그들의 교육 이론 및 실천에서 '실용성(Brauchbarkeit)', '유용성(Nützlichkeit, Gemeinnützigkeit)' 및 '근면성(Fleiß, Arbeitsamkeit)', '산업성(Industriosität)', '애국심' 등과 같

은 덕목을 일반교육의 매우 중요한 목표로 꼽고 있는데, 이는 당시의 절대주의 왕조가 중상주의의 차원에서 국민에게 요구하던 덕목과 정확하게 일치하는 것이었다(Kemper, 1990: 95–109).[3] 당시의 국가들은 중앙집권적인 행정기구로 자리 잡기 시작하면서 국민을 위의 덕목을 충실하게 이행하는 '신민(Untertanen)'으로 양성해야 했다. 위정자들에게는 그러한 신민이야말로 세금을 잘 낼 뿐 아니라 유능한 말단 관료의 역할을 잘 수행하여 일사분란한 행정체계가 가능하도록 하며, 나아가 주변 국가와 전쟁이 일어날 경우 충성스러운 군대로 조직될 수 있으리라 여겼던 것이다.

박애주의에 더하여 프로이센의 학교제도 구성에 큰 영향을 미친 훔볼트의 신인문주의 또한 이념적 차원에서 근대성이라는 큰 방향성에서 결코 벗어나지 않았다. 훔볼트의 도야이론은 구체적인 교육제도 차원에서 계급과 사회적 지위를 막론하고 모든 국민을 대상으로 한 '일반 도야(Allgemeinbildung)'를 목표로 삼았으며, 학생들의 교육 수준을 연령 단계에 따라 1년씩 수평적으로 올라가는 학년제로 나누고자 하였다. 이와 같은 교육 프로그램 구성의 의도에는 당연히 계몽주의의 자유와 평등 이념을 정책적 차원에서 실현하고자 한 개혁의 시도가 담겨 있었다.

---

3) 특히, '중상주의적 인간(Der merkantilistische Mensch)'이라는 개념을 주요 교육이념으로 삼았던 이는 잘츠만이다. 그는 이러한 자신의 교육이상을 슈넵펜탈에 세운 그의 학교에서 실현하고자 하였다. '실용성', '근면성', '유용성' 등과 같은 '산업적 능력'이나 '사업가로서의 유능성(Geschäftigkeit)'을 중시하는, 전형적으로 중상주의적이며 국가중심주의적인 덕목에 대한 강조는 당시 박애주의자의 저술에서 공통적으로 발견되는 내용이다.

박애주의와 신인본주의의 교육이념을 기본적인 틀로 삼고, 당시 프로이센이 처해 있던 정치·경제적 차원에서의 파워게임이 개입된 가운데 성립된 이같은 교육제도는 여러 측면에서 당초 이념적 차원에서 의도한 교육적 이상향을 실현시키지 못한 채 학습학교로 전락할 수밖에 없었다.

첫째, 박애주의자들은 그들 특유의 교육 프로그램을 실시함으로써 각 개인의 잠재력 및 성취 가능성을 그가 속해 있는 혈통, 계급의 차원과 단절시켜 자유, 평등의 근대적 이념을 실현시켰던 것이 사실이다. 반면 학교의 일상생활 속에서 학생들 상호간의 치열한 '자유경쟁'을 일종의 교수-학습 방법으로 사용하였던 점은 큰 문제점으로 남는다. 이로써 이 프로그램을 통해 이루어진 교육활동은 근대 이후 자본주의가 급속도로 발전하는데 주요한 원동력을 제공하며 국가에, 그리고 경제체제에 충실하게 봉사하는 수단적 상태에 머물게 되었으며, 불가피하게 지극히 비인간적인 교육환경을 조성할 수밖에 없었다.

둘째, 박애주의가 당시 중상주의적 경향성 속에서 실용성, 유용성, 애국심, 근면성 등의 덕목을 교육목표로 삼음으로써 이들이 현재에 이르기까지 일반 국민을 위하여 국가적 차원에서 실시되는 '직업교육', '시민교육'의 이론과 실천에 주요한 원리로 차용되고 있다는 점은 주지의 사실이다. 그러나 동시에 박애주의가 그 당시 부상하고 있었던 제3계급, 즉 '시민계급'의 계급적 이해를 대변하는 다분히 편파적인 경향을 취함으로써 모든 계급을 포괄하는 보편타당한 교육을 실현할 수 없었던 점을 기억해야 한다(최재정, 2001: 109-111).

셋째, 훔볼트의 신인본주의는 전 국민을 대상으로 한 '일반교양교육'을 매우 강조하고 있어서, 철저히 당시의 정치 · 경제적 현실이 요구하던 경제중심주의, 산업중심주의, 국가중심주의에 함몰되어 있던 박애주의와는 다소 구별되는 특성을 보여 준다. 다만, 훔볼트가 이론적인 차원에서 품고 있던 이상적인 교육이념은 후일 그가 공직을 떠나면서 보수적인 성향을 띤 당시의 정치가들이 개혁을 위한 실무를 맡게 되면서 훔볼트의 이념에 반발하여 근대 이전의 복고적 교육이념을 제시함으로써 점차 퇴색되는 결과를 낳게 된다.

개혁교육학의 범주에 속하는 교육이론가 및 실천가들은 결국 앞에서 살펴본 바와 같이, 이전 시대의 '학습학교'의 현실을 극복하기 위해 다양한 형태의 교육개혁적인 방안을 실시하였다고 할 수 있다. 이와 관련하여 다음과 같이 두 가지 차원에서 포괄적인 논의가 가능할 것이다.

첫째, 앞서 기술하였듯이 약 40~50년에 걸쳐 진행된 개혁교육학은 서로 거의 양립 불가능한 논리를 담고 있는 것으로 간주될 만큼 매우 다양한 교육이론과 실천의 형태가 우후죽순격으로 난립하면서, 거의 모든 서구 지역이 거대한 교육의 실험장으로 탈바꿈한 것과 같은 복잡다단한 양상을 띠며 전개되었다. 이처럼 개혁교육학이 매우 다양한 유형으로 나타날 수밖에 없었던 주요 이유 중 하나는 당시에 지배적이었던 학교제도의 현실에서 나타난 문제를 여러 차원에서 비판할 수 있는 가능성이 사회적 측면에서 실제로 존재하였다는 점이다.

20세기 초는 산업화, 과학 · 기술화, 자본주의화의 격랑에 휩싸여 있던 시기이기도 했지만, 한편으로는 급속한 국제화의 물결이 밀어닥치던 시기이기도 했다. 이에 따라 유럽의 각 국가에서 각기 고유한 전통과 문화, 정치 · 경제적 상황을 배경으로 한 교육이론이 출현하면서 상당히 빠른 속도로 국가 간에 교육이론의 교환이 이루어질 수 있었다. 그 결과 당시의 고답적인 학교제도에 대해 공히 비판적인 성향을 가지고 있던 교육이론가 및 운동가들은 그 수많은 이론을 각자의 고유한 세계관, 철학, 개인적 동기, 취향에 따라 이리저리 조합하는 가운데 매우 다양한 형태의 교육적 실험을 감행할 수 있었다고 하겠다.

또 하나 개혁교육학의 다양성이 가능하게 된 배경은 당시 지배적이었던 교육현실이 매우 합리주의적이거나 전통적인 한두 가지 논리를 기본 골자로 하여 거의 획일적인 양상을 띠며 전개되었다는 점이다. 즉, 전반적으로 획일적이었던 근대적 경향성 자체에 대한 대안으로 나타난 운동은 무엇보다 그 획일성을 깨며 다양화의 경향을 그 주된 방향으로 삼을 수밖에 없었다는 것이다.

둘째, 개혁교육학이 당시의 문화비판의 주요 논점을 공유하고 있었던 점 또한 주목할 만하다. 19세기 중엽부터 20세기 초까지의 교육현실을 지배하고 있던 경향성은 결국 계몽사상의 엄격한 합리주의에서 비롯된 산물로, 그 구체적인 내용은 차가운 이성주의, 지식중심주의가 지나치게 강조된 것이라고 하겠다. 바로 이와 같은 당시의 경향에 대하여 신랄한 비판을 가한 것이 문화비판의 주된 내용이었던 것이다.

이에 따라 문화비판을 자신들의 교육이론을 구성하기 위한 핵심 논리로 적극 수용한 개혁교육학의 대변자들이 당시의 시대적 흐름 및 사회적 요청을 그대로 반영하였다고 여기는 기존의 교육학 내지 교육현실에 대한 대안으로 제시한 논의는 자연히 '반합리주의', '낭만주의'의 성향을 띠게 되었다(Schonig, 1973). 이와 같은 성향은 바로 전 시기를 지배하던 교육이론 내지 교육현실이 국가적 차원에서 형성되었든, 당시의 고전적 교육사상가들에 의해 이루어졌든 전반적으로 합리주의, 이성주의의 경향성에 대한 반발적 방향성에서 비롯되었다고 해석할 수 있다.

# 제 4 장

# 개혁교육학운동의 주요 흐름

이상 서술한 바와 같은 시대적 배경, 이념적 차원에서의 배경 하에 개혁교육학의 다양한 교육개혁적 시도가 매우 다채로운 형식과 내용을 갖춘 채 전개되었다. 이 장에서는 이들 다양한 시도 중 그 당시 이미 상대적으로 뚜렷한 이념적 맥락과 교육 프로그램을 갖추고 시행되었던 다섯 가지 교육운동에 대해 상세히 살펴보고자 한다.

## 1. 어린이로부터의 교육학운동

### 1) 엘렌 케이와 '어린이'의 재발견

개혁교육학의 여러 조류 중 '어린이로부터의 교육학(Pädagogik vom Kinde aus)'으로 불리는 교육운동의 흐름은 스웨덴 출신의 여류문필가이자 교사인 엘렌 케이(Ellen Key)에게서 비롯되었다. 그녀가 쓴 『어린이의 세기(Das Jahrhundert des Kindes)』라는 책은 동시대인들에게 폭발적인 인기를 끌며 여러 언어로 번역되어 유럽 전역에서 출판되었다. 무엇보다 그녀가 책 제목으로 사용한 '어린이의 세기' 라는 말은 이후 이 방향에 속해 있던 교육운동의 취지를 정확하게 표현한 것으로 여겨져 당시 어린이로부터의 교육학의 흐름을 대변하는 일종의 표어처럼 사용되었다.

어린이로부터의 교육학이라는 교육운동의 흐름에서 가장 중요하게 생각되었던 점은 어린이를 이전과는 달리 교육학적 행위 내지는 인간학적인 차원의 사유에 있어서 그 중심에 서는 존재로 파악하였다는 것이다(Dietrich, 1973: 158-162). 앞서 당시 독일의 교육현실에서 나타나던 문제점을 문화비판의 차원에서 지적하는 대목에서 암시하였듯이 19세기 후반경의 독일, 더 정확히 말해서 프로이센의 학교는 철저하게 교사 중심적으로 운영되고 있었다. 아동, 어린이, 학생은 그와 같은 상황 속에서 마치 아무것도 써 있지 않은 칠판처럼 교사가 가르치길 원하는 내용을 그대로 받아 적는 수동적인 존재로 여겨졌다.

이에 반해 어린이로부터의 교육학 속에서 개개의 어린이는 개성적인 자질과 성격, 그리고 각기 다른 발달 속도와 특성을 지니고 있는 유일무이한(einzigartig) 존재로 파악되었다. 그렇기에 교육은 어린이들이 자신에게 가장 적합한 발달의 리듬과 적성을 스스로 발견하여 그들의 재능을 마음껏 발휘하도록 최적의 환경을 조성하는 데서 그쳐야 한다. 교사는 교육 상황을 주도하는 것이 아니라 학생이 자기주도적으로 교육활동을 꾸려 나갈 수 있도록 단지 '동반(Begleiten)' 하며 '자극(Anregen)' 하는 존재로서의 역할을 담당해야 한다.

사실상 이와 같은 내용은 단지 개혁교육학운동에 속한 어린이로부터의 교육학의 범위에서 처음으로 요구된 것이 아니다. 이른바 '아동 중심적인' 교육관이라고 부르는 일련의 논의는 루소 이래 근대 교육학의 주요 사상가들에 의해 일관되게 설파되어 온 교육적 요청이기 때문이다. 그런 점에서 이 운동은 사상사적인 차원에서는 그다지 새로운 논점을 제공하고 있지 않다. 결국, 어린이로부터의 교육학이 다른 시대의 '아동 중심적' 교육이론과 구별되는 점이 있다면 이 운동과 밀접하게 연관을 맺고 있는 문화비판 부분일 것이다.

앞서도 언급하였듯이, 니체를 비롯하여 당시의 문화비판가들의 시각에서 볼 때 빌헬름 시대가 안고 있던 사회적인 문제는 '새로운 인간'의 출현을 통해 해결될 수 있었다. 그런 의미에서 아직 사회의 모순, 문제를 접하지 않은 때묻지 않은 영혼으로서 '어린이'는 당시의 상황보다 더 나은 새 시대를 열게 될 주인공으로서의 역할을 담당할 수 있으리라 기대되었다. 따라서 당시 어린이로부터의 교육학의 흐름 속에서 대변되는 여러 교육적 요구는 근대의 교육 고전들 속에서 강조되었던 이상주의적이며 낭만적인 교육적 이상을 그대로 수용한 결과임과 동시에 철저하게 20세기 초의 세기의 전환기라는 독특한 시대적, 사회적 상황이 낳은 시대 특수적인 결과물이었다(Hagenmaier, 1964: 9).

엘렌 케이의 『어린이의 세기』에서 발췌한 다음 인용문은 당시 어린이로부터의 교육학에서 추구하였던 어린이상에 내포되어 있는 시대적 특수성이라는 것이 과연 무엇을 의미하였는지를 잘 보여 주고 있다.

> 한 발가벗은—새로운 세기를 상징하고 있는—어린아이가 지구 위

> 로 내려오려고 한다. 그러나 가까이 다가올수록 그 아이는 지구의 끔찍한 모습을 보고 경악한다. 무기들이 온통 삐죽삐죽 하늘을 향해 그 예리한 날을 드러낸 채 빼곡하게 세워져 있어서 땅 위엔 발 하나 디딜 틈조차 없기 때문이다. 경제적인 투쟁과 격렬한 전쟁으로 인해 지구는 황폐화되었으며, 권력의 네트워크와 수많은 무기고들로 가득 메워져 있다. ……이들은 모두 새로운 시대, 즉 그 발가벗은 어린아이가 상징하는 바인 자연, 온정, 사랑 그리고 인간다움이 도래하는 것을 방해하고 있는 적들이다(Key, 1992: 13).

결국, 엘렌 케이는 어린이, 그것도 '발가벗은' 어린이를 당시의 사회 현실보다 나은 새로운 시대를 일구어 나갈 때묻지 않은 성장 세대로 상정하고 있으며, 그들의 여리고 순수한 시각을 빌려 당시의 세계를 바라볼 때 그 세계가 얼마나 경악해 마지않을 만큼 끔찍한 상태로 타락하였는지를 극명하게 드러내고 있다. 즉, 『어린이의 세기』는 교육학적인 차원에서 의미 있는 저술인 동시에 당시의 사회 현실에 대한 신랄한 비판을 담은 시론적인 성격을 띠고 있다.

이와 같은 방향성 속에서 어린이로부터의 교육학의 범주에 속하는 이들은 루소에 의해 인간의 가장 고귀한 모습으로 간주되었던 '때묻지 않은' '자연인', 또는 '야만인(homme sauvage)'으로서의 어린이상을 강조함과 동시에 어린이를 문명 이전의(vorzivilisatorisch) 상태에 머물러 있는 인간으로 표현하고 있다. 앞서 서술하였듯이 세기의 전환기에 유럽 전역에 확산되어 있었던 문화비판의 범위 내에서 '문명'이란 특정 대상으로서의 국가를 포함하여 서구 세계의 정신이 외화된 형태로서, 궁극적으로는 독일 민족이 대변하는 '문화'에 의해 극복되어야 하는 대상이었다. 또한 당시는 인문, 사회과학 분야에서 새로운 학문 영역이 속속 탄생하는 기간이기도 하였다.

이에 따라 어린이로부터의 교육학의 범위에서 당시 일반적으로 학문 분야, 특히 심리학의 세부적인 분야로서 발달심리학, 인지심리학, 정신분석학의 영역에서 새롭게 고안된 이론을 흡수하여, 성인과는 확연히 구별되는, 아동심리와 '아동언어(Kindersprache)', '아동놀이(Kinderspiel)' 등 어린이의 특성 자체를 뚜렷하게 반영하는 가운데 구체적인 연구가 이루어졌다. 더 나아가서 어린이에 대한 일련의 탐구를 바탕으로 어린이와 관련된 제도들, 기관들, 그리고 법률들이 새롭게 마련되기 시작하였다. 예컨대, 어린이의 발달 단계에 대한 과학적 연구를 통해 마련된 정확한 자료를 바탕으로 학교에서의 분반이나 학년 구분을 하기 시작했으며, 어린이의 권리 보장 차원에서 아동노동이나 아동학대의 열악한 상황으로부터 어린이를 보호하기 위한 법률들이 제정되기 시작하였다.

개혁교육학에 속하는 다양한 흐름 속에서 어린이로부터의 교육학이 미친 영향은 매우 근본적이면서 광범위하다. 이러한 시각에서 볼 때 개혁교육학에 속하는 수많은 교육 이론가 및 운동가 중 딱히 누구라고 손꼽기 어려울 정도로 대부분의 인물이 그 영향하에 있었다. 그럼에도 어린이로부터의 교육학을 대표하는 몇몇 인물을 꼽는다면, 앞에서 소개한 엘렌 케이 외에도 마리아 몬테소리(Maria Montessori), 베르톨트 오토(Berthold Otto), 야누스 코르착(Janusz Korczak) 등을 들 수 있다. 물론 이들은 단지 개혁교육학의 한 부분적인 흐름으로서 어린이로부터의 교육학이라는 작은 범주에 가두어 놓기에는 무리가 있을 만큼 매우 독창적이며, 그 자체로서 이미 광범위하게 여러 분야에 관련되어 있는 그들 특유의 교육학을 구성해 낸 인물들이다.

특히, 이탈리아의 여의사 몬테소리를 중심으로 한 몬테소리 교육학(Montessoripädagogik)과 같은 경우는 이미 오래전부터 개혁교육학과는 완전히 별개로 아동 중심적 교육학 분야에서 이른바 시공을 초월한 국제적 명성을 구가하며 독자적인 노선을 걸어왔다(Holstiege, 1986: 13). 또한 코르착의 경우도 개혁교육학이라는 전체적인 맥락과는 상관없이 그가 고아원에서 함께 지내던 유태인 고아들과 더불어 나치의 폭압적인 만행의 희생양이 되었던 점을 높이 기리는 의미에서 이른바 '성자'로 추앙되고 있는 것을 볼 수 있다.

이러한 맥락에서 볼 때 어린이로부터의 교육학의 범주에 속해 있는 인물 중 당시의 시대 특수적인 상황에 가장 깊게 연관되어 있으면서 현재 우리에게 가장 생소한 이는 베르톨트 오토라고 할 수 있다. 이에 따라 이 글에서는 어린이로부터의 교육학의 흐름이 지니고 있는 교육학적 요구들이 어떤 특징을 지니고 있는지를 살펴보기 위해 베르톨트 오토와 그의 '가정교사학교'에 대해 좀 더 자세히 다루고자 한다.

### 2) 베르톨트 오토와 '가정교사학교'

#### (1) 오토의 아동 중심 교육관

베르톨트 오토는 1859년 슐레지엔 지방의 비에노비츠(Bienowitz)에서 대지주의 아들로 태어났다(Baumann, 1962). 그는 엄밀하게 말해서 교육학자라기보다는 언어학자이자 심리학자였으며,

더 나아가 민속학 및 인류학에도 깊은 조예가 있었다. 물론 그는 대학 시절 당시의 저명한 교육학자인 파울젠(Friedrich Paulsen)의 영향을 많이 받기도 했다. 그러나 그보다는 스스로 아동기와 청소년기를 겪으면서 느낀 점들과 후일 성인이 되어 가정교사로서 일하였던 경험, 그리고 자신의 다섯 자녀를 키우면서 깨달은 점들을 종합해서 나름대로의 교육이론을 전개하였다.

그러던 중 오토를 개혁교육학의 대표적인 인물로 만든 사건은 1897년 그가 라이프치히에서 열린 독일문필가협회의 한 모임에서 했던 「20세기의 학교개혁(Die Schulreform im 20. Jahrhundert)」이라는 강연이었다. 이 강연은 현대 교육학의 다양한 이론 중 일리치(Ivan Illich)나 라이머(Everett Reimer)와 같은 이들이 대변하였던 바와 유사하게 일종의 '학교사망론' 내지는 '반교육학'의 입장을 다루고 있었다. 결국, 진정한 교육이란 '강제로 행해지는 학교교육'이 아닌 자기주도적으로 이루어지는 교육, 즉 '자기교육(Selbsterziehung)'이어야 한다는 것이다.

무엇보다 오토 특유의 어린이에 대한 관심은 그가 막내딸 헬가의 발달 과정을 면밀하게 관찰한 결과를 일기 형태로 꾸며 책으로 출간한 『헬가에 대하여(Von der Helga)』에서 잘 드러난다. 그는 당시 학문으로서 발전해 가는 초기 단계에 있던 심리학에 관련된 저서를 여러 권 출간할 만큼 이 학문에 심취해 있었다. 더 나아가 오토는 그가 파악한 심리학의 이론적 개념들로부터 교육학이 연역되어 나와야 한다는 의미에서 교육학이 응용심리학이 되어야 한다고 주장하였다(Scheibe, 1969: 86).

오토에 의하면 인간은 전 생애를 통틀어 아동기에 가장 강한 '인식에의 욕구(Erkenntnistrieb)'를 지니며 그러한 욕구 자체가 가장 최적의 학습 조건이라고 주장하였다. 그는 또한 어린이의 '인식에의 욕구'는 어린이가 던지는 '질문(Frage)' 속에서 가장 잘 드러난다고 하면서, 어린이의 '질문권(Fragerecht)'을 최대한 인정해 줄 것을 주장하였다. 오토는 어린이를 자유롭게 놓아 두고, 그들이 의문점을 가지는 문제에 대한 답이 적절하게 이루어질 때에야 비로소 그들에게 내재되어 있는 잠재성이 가장 활발하게 발현될 수 있다고 보았다.

이와 같은 의미에서 어린이가 중심이 되는 가운데 최적의 학습을 이루기 위해서는 성인 및 교육자는 온화하고 수용적인 태도로 어린이의 욕구가 최대한 실현되게끔 돕는 조력자의 역할을 해야 한다는 것이다. 이런 요지를 담고 있는 오토의 가장 대표적인 개념이 바로 '개성화(Personalisation)'와 '개성화된 학습(privatisiertes Lernen)'이다. 여기서 '개성화' 혹은 '개성화된 학습'은 인간이 그를 둘러싸고 있는 환경으로서의 세계와 상호 작용하는 가운데 그 자신의 역사를 창조해 간다는 것을 전제로 하고 있다.

같은 맥락에서 특히 오토의 관심을 사로잡은 분야는 '아동언어'였다. 오토는 당시 언어학자로서 큰 명성을 얻고 있던 라차루스(Moritz Lazarus)와 슈타인탈(Hajim Steinthal)의 민속언어에 대한 연구, 더 나아가 훔볼트의 언어학을 연구하였으며, 무엇보다 어린이가 언어를 '창조'해 가는 과정에 주목하였다. 그는 어린이와 청소년의 언어를 '나이에 걸맞은 관용어(Altersmundart)'라고 하였다. 즉, 오토에 의하면 어린이나 청소년이 구사하는 일종의 '방언'은 단지 성인이 사용하는 언어를 익히기 위해 으레 거쳐 가는 중간 과정이자 미완성품으로서의 언어가 아니며, 어린이 및 청소년 특유의 논리와 단어 사용, 그리고 그들 고유의 문장 구성을 담고 있는 독자적인 것이다.

오토는 그의 아동언어에 관한 이론을 바탕으로 하여 교육하는 자와 어린이 사이에 이루어지는 '대화(Gespräch)'를 매우 중요한 교육활동으로 간주하였다. 그는 특히 성인이 어린이와의 대화에서 성인의 언어가 아닌 아동 특유의 언어를 사용할 것을 주장하고 있는데, 그럼으로써 성인은 어린이의 세계를 보다 깊게 '이해'할 수 있다는 것이다. 이와 같은 취지에서 오토는 파우스트나 일리아스, 오디세이와 같은 고전적인 문학 작품을 어린이의 언어로 옮기는 작업을 하기도 했다. 또한 그는 앞에서 언급하였던 대화의 형식으로 이루어지는 교육 행위를 '통합수업(Gesamtunterricht)'이라고 개념화하였다(Albert, 1925: 154-164). 통합수업은 마치 식탁에 온 가족이 둘러앉아 정겹게 이야기를 나누는 것처럼 자유로운 대화의 형태로 진행되는 수업을 의미한다(Otto, 1928).

오토의 '아동언어'에 대한 지대한 관심과 그의 대표적인 교육학적 개념인 '개성화'는 어린이를 고유한 특수성을 지닌 독자적인 존재로 파악하는 데서 출발한다. 바로 그러한 점에서 우리는 오토의 교육이론이 루소 이래로 이른바 '아동 중심적인 교육학(die kindorientierte Pädagogik)'에서 강조하고 있는 핵심적인 교육적 요구와 일맥상통한다는 것을 알 수 있다. 더불어 오토의 교육이론에는 당시의 시대적인 특수성이 명백하게 드러나 있는 부분이 발견되기도 한다.

그의 대표적인 저서인 『민족유기체적 사유(Volksorganisches Denken)』나 『미래의 국가(Der Zukunftsstaat)』에서 오토는 개인과 국가 또는 사회 간의 관계 차원에서 독특한 이론을 전개하고 있다. 무엇보다 이 두 저서는 오토가 플라톤(Platon)의 저서 『국가(Politeia)』의 지대한 영향을 받아 저술한 것으로 알려져 있다. 주지하다시피 플라톤의 정치론 내지는 교육론에서 국가와 개인은 그 구조와 특성에서 유사한 것으로 파악됨으로써 교육 행위와 정치 행위가 궁극적으로는 서로 분리될 수 없는 것으로 여겨지고 있다. 이와 같은 맥락에서 플라톤에게 개인은 늘 그가 속해 있는 사회 내지는 국가, 즉 폴리스에서 독립된 상태로는 결코 존재할 수 없는 특성을 지니고 있다. 이렇게 볼 때 개인은 그가 지니고 있는 나름대로의 개성에도 불구하고 늘 그가 귀속되어 있는 사회의 일개 구성원에 불과한 존재다.

개인과 사회의 관계에 대한 플라톤의 이러한 사유방식과 유사하게 오토는 그의 인간학(Anthropologie)을 전개한다(Otto, 1926). 오토의 '민족유기체적 사유' 이론에 의하면 '민족'은 일종의 '사유공동체(Denkgemeinschaft)'를 형성하고 있으며, 이에 따라 개인의 모든 생각과 인식의 행위는 유기체적인 차원에서 늘상 '민족'이라는 전체에서 비롯되는 성질을 가지고 있다. 따라서 인식하는 자가 개인적인 차원에서 명료함과 의식의 명징을 획득할 경우, 그것은 늘 '함께 생각하는 다른 이들(die Mitdenkenden)'을 배후에 가질 때에야 비로소 가능하다는 것이다.

이 같은 논리에 따르면 인간의 사유에서 전체로부터 분리된 절대적 자유란 결코 존재할 수 없다. 결국, 오토의 교육론에서 순수하게 루소적인 부분, 즉 아동 중심적인 교육론의 차원에서 강조되는 '개성' 및 '개별성'과 같은 개념은 결코 루소의 교육론에서 주장하는 자유의 의미와 동일하다고 볼 수 없다.

(2) '베르톨트-오토 학교'

오토는 그의 독특한 교육학적 신념을 바탕으로 1901년 『가정교사(Der Hauslehrer)』라는 잡지를 발간하였으며, 1906년에는 베를린의 리히터펠데라는 지역에 '가정교사학교(Hauslehrerschule)'를 설립하기에 이른다. 이 학교는 후일 '베르톨트-오토 학교(Berthold-Otto-Schule)'라는 명칭으로 불린다.

오토는 기존의 공교육을 '강제학교(Zwangsschule)', 혹은 '훈육소(Zuchthaus)'라고 비판하면서, 그의 학교는 무엇보다 자유로운 장소여야 한다는 점을 강조하였다. 그는 자신이 설립한 학교를 '세상에서 가장 자유주의적인 곳(die freiheitlichste in der Welt)'이라고 칭하곤 하였다. 그에 의하면 학교가 궁극적으로 '유기적 성장의 원칙(das Prinzip des organischen Wchstums)'에 근거하여 구성되는 한 자유라는 것은 결코 지나친 자유방임에서 비롯되는 혼란 상태로 전락하지 않는다.

오토는 자유가 교육학적으로 의미 있는 것이 되기 위해서는 무엇보다 교사의 역할이 매우 중요함을 강조하고 있다. 그에 의하면 각 교사는 인류의 역사 속에서 국가 주도의 공교육이 출연하기 이전에 존재하였던 가정교사의 역할처럼 자신이 담당하고 있는 학생 하나하나의 특징과 관심, 학습 발전 속도 등에 대해 세부적인 부분까지 모두 깊게 파악한 가운데 학생의 모든 결정에서 보조적인 역할을 해야 한다. 여기서 각 교사는 학생의 수업과 교육 전반의 모든 활동에서 교육자적 양심에 근거하여 행위하고 그 행위의 결과에 대해 전적으로 책임져야 하는 존재다.

① 학교의 기본 운영 방침

베르톨트-오토 학교는 여러 측면에서 그 당시 공교육이라고 일컫는 제도교육에서 제공하던 교육적 환경 및 커리큘럼, 세부적인 내용과는 뚜렷하게 차별화되는 특징을 가지고 있었다.

첫째, 학교의 기본적인 구성 면에서 학생들은 6~16세까지 다양한 연령대에 속한 60~80명의 인원으로 구성되어 있었으며, 남녀공학 형태를 취하고 있었다. 즉, 비교적 작은 규모의 '가정적인' 분위기의 학교로서 교사 입장에서 학생 하나하나에 대해 충분히 관심을 기울일 수 있었다. 또한 당시의 개혁적 학교들의 일반적인 경향이었던 기숙사 학교, 혹은 전일제 학교의 형태는 아니고 전통적인 반일제 형식으로 운영되고 있었으며, 통합학교의 이념 및 형태가 부분적으로 도입되어 어떤 종교나 가치관을 가지든지, 어떤 계층에 속해 있든지에 상관없이 취학이 가능하였다.

둘째, 전통적인 학년제가 아닌 통합수업 및 코스(Kurs), 혹은 블록(Block) 형식으로 운영되어, 학생들은 자신의 개인적인 관심과 흥미 혹은 개인적인 계획에 근거하여 철저하게 개별화된 수업 스케줄에 따라 수업에 참여할 수 있었다. 이처럼 교육과정을 학생의 개별적인 취향에 따라 구성하다 보니 때로 교육 내용의 배열에서 파격적일 정도로 자유가 주어지기도 하였다.

셋째, 모든 교육활동에서 학생 개개인에 대한 철저한 신뢰가 바탕이 되어 학습 계획표의 작성뿐 아니라 평가에 있어서도 학생에게 주도권이 주어졌다. 학생에 대한 신뢰는 거의 절대적이어서, 심지어 평가 시 교사의 시험감독조차 없었다.

넷째, 평가에서는 학생들의 자가 테스트가 주 목적이었으므로,

타인에게 보이기 위한 목적으로 점수가 표시된 성적표를 배부하는 대신에 담당교사가 학생 개개인의 학습활동에 대해 자세하게 서술하는 기록부를 작성하도록 하였다.

다섯째, 지역사회를 포함하여 세상 전체에 대해 개방적인 자세를 견지하고 있어서, 학교에서 이루어지는 교육활동에 학부모를 비롯한 관심 있는 모든 이가 참여하여 함께 수업을 꾸려 나갈 수 있었다.

여섯째, 수업뿐 아니라 학교 운영에도 학부모의 참여가 적극 권장되었다. 그에 따라 학부모회의(Elternrat)가 구성되어 학교에서 이루어지는 모든 결정에 투표권을 행사하였다.

일곱째, 학교 부지 내에 잔디밭과 운동장, 정원 등을 갖추고 있어서 학생들이 언제나 자연을 접하면서 자유롭게 육체적 활동을 할 수 있었다.

여덟째, 교실 내부에는 자유자재로 위치를 바꿀 수 있는 의자와 책상들, 그리고 벽 쪽에 붙여 배치할 수 있는 긴 의자 등이 갖추어져 있어서 다양한 형태의 교육활동을 펼칠 수 있는 기회가 주어졌다.

이처럼 현재의 시각에서 보더라도 상당히 파격적인 방침들을 바탕으로 운영되던 베르톨트-오토 학교에서 오토의 교육이론이 적용된 가장 대표적인 수업 형태가 있다면 그것은 바로 통합수업(Gesamtunterricht)이다.

② 통합수업

오토의 통합수업은 그 스스로 자신의 학교에서 시행되는 교육활동 중 가장 중심이 되는 것으로 여겨 '미래형 수업방식'이라고 명명한 독특한 수업방식이다. 이는 오늘날까지도 개혁교육학의 다양한 방식 중 오토만의 특유의 교육방법으로 기억되고 있다. 통합수업은 당시 이미 널리 알려져 있어서, 수많은 사람이 오토의 학교를 방문하여 통합수업이 어떻게 이루어지고 있는지 참관하곤 하였다.

통합수업은 일주일에 3~4회에 걸쳐 12시에서 1시까지 방과 후 한 시간 동안 이루어지는 수업으로, 참여자는 그의 학교에 재직하거나 재학하는 교사와 학생 전원이며 6~19세의 전 연령대를 모두 포괄한다. 수업 형식은 오토 자신이 사회자의 역할을 맡는 가운데 진행되는 일종의 토론회 형식을 띠는데, 교사든 학생이든 참여하는 누구에게나 발언권이 주어진다.

이 수업에서 다루어지는 내용은 수업 시간 전이나 진행 중에 학생들이 제안한 것들로서 매우 다양한 주제를 포괄한다. 예컨대, 학생의 개인적인 체험이나 특정한 교과 영역과 관련된 주제, 혹은 특정한 책의 주제나 정치적, 문화적, 사회적 차원에서 특히 이슈가 되는 문제와 같은 것이 그때 그때 주제로 선정되어 논의된다. 주제가 정해지면 오토가 사회자로서 먼저 발언하고, 그 다음에는 나이가 어린 학생들부터 발언 기회가 주어진다. 논의되는 주제는 전체 참여자의 흥미와 관심이 이어지는 한 다음 시간까지 계속되며, 때로는 한 시간 동안 여러 주제가 한꺼번에 논의되기도 한다. 어떤 주제는 특정 교육 내용과 연결될 수도 있는데, 그런 경우에는 논의가 수업 시간으로 이어지기도 한다.

오토는 통합수업이 진행되는 동안에 프로토콜을 작성하도록 하고, 그 내용을 무척 중요하게 생각하였다. 그 이유는 통합수업을 통해 제기되는 주제나 논의들을 통해서 학생들의 관심과 흥미 그리고 문제가 무엇인지 더 깊게 파악할 수 있었으며, 교육과정 영역에서의 개선을 포함하여 학교 운영 전반에서 새로운 변화를 추구하는 계기로 삼을 수 있었기 때문이다. 또한 오토는 이처럼 전체 학생을 대상으로 하는 통합수업뿐 아니라 학생을 비슷한 연령대별로 묶어서 작은 규모의 통합수업도 운영하였는데, 이 경우에는 토론회에서 다루는 주제를 보다 교과 영역의 차원으로 좁히곤 하였다.

이처럼 형식이나 내용에서 두루 '통합'의 의미를 지니고 있던 오토의 통합수업으로부터 우리는 다음과 같은 몇 가지 중요한 교육학적 함의를 도출해 낼 수 있다.

첫째, 오토는 아동의 가장 큰 특징으로 '질문하고자 하는 욕구(Fragelust)'를 들었다. 그는 이 질문 욕구들이 그 어떤 강제나 규제 없이 자연스럽고 자유스럽게 표현되고 그에 대한 적절한 대답을 얻게 되는 '대화'가 이루어질 때에야 비로소 아동의 정신적인 차원에서의 성장이 원활하게 이루어진다고 보았다. 즉, 그는 통합수업을 통해서 학생들이 또래와 다른 연령대의 아동, 그리고 성숙한 동반자로서의 교사와 자유로운 대화를 나눌 수 있게 되기를 기대하였던 것이다.

둘째, 오토의 통합수업에서 다루는 주제는 원칙적으로 특정 교과에 속한 단편적인 지식이 아니라 여러 교과 내용이 한꺼번에 관련되는 것들로, 그 주제가 연결되는 인간의 영역 또한 지성과 감성, 이론과 실천 모두를 포괄하는 통합적인 것이었다. 즉, 오토는 통합수업을 통하여 학생들이 삶 자체, 세상 전체와 직접적으로 맞닥뜨려 그것을 적절하게 이해하고 대처해 나갈 수 있기를 희망하였던 것이다.

셋째, 오토는 통합수업의 형식이 모든 연령대의 다양한 성격을 지닌 사람들이 다 함께 참여하는 일종의 '가족회의'의 성격을 띠도록 구성하였다. 이로써 그는 학생들이 장차 사회에 진출하여 각계각층의 타인과 공동체를 이루어 나가면서 지켜야 할 예의와 규칙을 자연스럽게 익힐 수 있도록 유도하였다. 이와 관련하여 오토는 '관용(Toleranz)'을 매우 중요한 덕목으로 강조하였는데, 그것은 제각기 다른 개성을 지닌 사람들이 함께 모여 평화롭고 조화로운 공동체를 꾸려 나가는 데 가장 중요한 자세이기 때문이다.

## 2. 청소년운동

### 1) '청소년'의 발견

앞에서도 언급하였듯이 개혁교육학은 사실상 당시 독일뿐만 아니라 전 유럽을 포함하여 신대륙인 미국에 이르기까지 확산되었던 매우 광범위한 일종의 교육운동이었다. 그런 시각에서 개혁교육학의 범주에 속해 있는 다양한 교육론의 흐름은 독일이라는 한 나라에 국한되지 않는 국제적 성격을 띠고 있다고 할 수 있다. 특히, 어린이로부터의 교육학의 대표적 인물인 몬테소리나 코르착과 같은 이들의 교육론은 이미 오래전부터 전 세계적으로 시공을 초월하여 명성을 얻고 있다. 그런 차원에서 볼 때 청소년운동(Jugendbewegung)은 개혁교육학에 속한 그 어떤 흐름들과 비교해 보아도 독일이라는 국가의 특수성을 두드러지게 가지고 있다(Röhrs, 1977: 155).

어린이로부터의 교육학을 다루는 부분에서 지적하였듯이, 이 운동은 그것이 교육학적인 차원에서 일정하게 지니고 있는 보편성에도 불구하고 한편으로는 시대 특수적인 특징을 뚜렷하게 드러내고 있다. 여기서 시대 특수적인 특징이란 당시 지식인 계층에 의해 이루어졌던 문화비판에서 비롯된 독특한 일련의 표현 또는 사유방식을 의미한다. 그런 맥락에서 어린이로부터의 교육학이 지니고 있는 시대 특수적 성격은 무엇보다 이 운동이 일반적인 사회개혁 및 교육개혁을 위한 에너지를 기존 사회의 모순과 문제에 아직 물들지 않은 순수한 '어린이' 에게서 새 시대를 이끌어 갈 주역으로서의 희망을 발견하였다는 점에서 찾을 수 있다. 바로 이와 같은 차원에서 청소년운동 또한 어린이로부터의 교육학과 마찬가지로 사회와 교육현실의 개혁을 위한 주역으로서 '청소년(Jugend)' 이 가지고 있는 가능성에 큰 기대를 건 교육운동이라는 점에서 당시의 시대적 특수성을 공유하고 있다고 할 수 있다(Wilhelm, 1963: 9).

청소년운동은 청소년을 중심으로 조직된 다양한 형태와 명칭을 가진 소집단 위주로 매우 산발적이고 역동적인 양상을 띠며 전개되었다.[1] 이에 따라 청소년운동은 그것이 지니고 있는 교육

---

1) 청소년운동의 범주에 속하는 청소년 집단의 가장 대표적인 것으로는 '철새(Wandervogel)' 외에도 '자유독일청년단(Freideutsche Jugend)', '개척자(Pfadfinder)', '의용대(Freischar)', '동맹청년단(Bündische Jugend)' 등을

운동으로서의 특성에 걸맞게 그 어떠한 논리정연한 이론적 체계도 가지고 있지 않다. 그럼에도 다양한 견해를 개진하고 있던 크고 작은 청소년 집단은 몇 가지 핵심적인 논점에 대해 서로 동의하고 있는데, 이 논점들은 '마이센 이념(Meißener Formel)'에 요약적으로 잘 정리되어 있다. '마이센 이념'이란 청소년운동이 절정에 이르던 1913년 10월 11일 작센 지방의 마이센 고지대에서 청소년이 중심이 되어 '마이센 축제'가 개최되는 동안 마련된 것이다(Kindt, 1963: 213-219). 청소년운동을 대표하는 이들은 청소년이 그들의 발달 단계상 지니고 있는 특징으로서 순수한 이상주의를 동경하는 반면 기성세대에서 나타나는 관습 내지는 가치에 대하여 반항적인 태도를 취하며 거기서 해방되고자 한다. 그리고 이러한 그들의 행위방식을 가능하게 하는 동력으로서 '질풍노도(Sturm und Drang)'의 감성적 상태를 나타낸다고 하였다. 또한 그들은 이 같은 청소년 고유의 특징이야말로 기존 사회가 노정하고 있는 문제를 비판·극복할 수 있도록 하는 바탕이라고 여겼다.

---

들 수 있다. 이 중 개척자는 영국의 보이스카우트 운동에서 연원한 것이다. 다양한 청소년 집단은 간혹 학술적인 모임을 조직해서 활동하기도 하였다. 그러한 모임으로는 알보른(Knut Ahlborn)이 조직한 '독일학술의용대 괴팅겐 지부(Deutsche Akademische Freischar Göttingen)', 크로우크(Wolfgang Krouk)가 설립한 '마부르크 학술연합(Akademische Vereinigung Marburg)', 그리고 출판업계의 거물인 디데리히스(Eugen Diederichs)와 후일 정신과학적 교육학의 중심 학자로 성장한 플리트너(Wilhelm Flitner)가 함께 참가한 '세라 동아리(Sera Kreis)' 등을 들 수 있다.

### 2) 청소년운동과 그 정치적 의미

청소년운동에 속해 있는 수많은 크고 작은 흐름은 다음과 같이 크게 두 가지 경향으로 분류할 수 있다(Kindt, 1963: 105–115). 즉, 청소년운동에 속하는 두 흐름은 제1차세계대전을 전후하여 시기적인 차원에서 구분된다.

첫 번째 노선은 주로 제1차세계대전 이전에 전체 청소년운동을 지배적으로 주도하였는데, 기성세대에 대항한 청소년의 독립선언과 같은 성격을 지니고 있는 흐름으로서 청소년 해방운동이라고 불릴 만한 것이었다. 한편, 제1차세계대전 이후로 청소년운동은 전반적으로 정치적인 색채를 강하게 띠기 시작하였고 두 번째 노선에 서 있는 흐름이 등장한 이후로 청소년운동은 처음 시작되었을 당시의 순수성을 잃어 버렸다고 할 수 있다.

#### (1) 청소년 해방운동과 '철새'

청소년운동의 첫 번째 흐름은 '철새운동(Wandervogelbewegung)'에 속해 있는 청소년들이 주도하였다. 철새운동은 1895년 베를린의 슈테글리츠 김나지움의 학생을 중심으로 시작되었다. 그들은 처음에는 대학생이었던 호프만(Hoffmann)의 지도하에 베를린 시 근처의 지역을 유랑하면서 출발하였다. 그러다가 1899년 이후부터는 김나지움의 학생인 피셔(Karl Fischer)가 이 유랑집단을 이끌었다. 그들의 운동은 무엇보다 청소년을 청소년 자체로 보고자 하는 '청소년 해방운동'에서 출발한다.

그들에 의하면 청소년은 인간의 발달 단계상 그 어떤 다른 단계에서도 볼 수 없는 청소년 특유의 성질을 가지고 있으며,

그런 의미에서 이전까지 이해되던 것처럼 성인이 되기 바로 전 단계의 미숙한 상태를 드러내는 것이 아니라는 것이다. 이와 같은 취지하에 청소년운동의 대변자들은 당시 독일의 청소년이 처해 있던 위기적인 사회 상황에 대하여 신랄한 비판을 가하면서, 궁극적으로는 이처럼 청소년에게 위해적으로 작용한다고 여겼던 사회적 · 교육적 조건을 극복해 나갈 것을 요구한다.

이러한 경향성을 공유하고 있는 청소년운동가들은 무엇보다 당시 청소년을 억압하고 있던 구체적 집단인 부모 세대에 매서운 비판을 가하였다. 여기서 부모 세대란 당시 빌헬름 시대가 노정하고 있던 고질적인 문제, 즉 소시민적이며 속물적인 문화를 대변하고 있던 기성세대(Establishment)였다. 그들은 특히 도덕적인 면에서 니체가 지적한 바처럼 지극히 위선적이며 자기기만적인 이중성을 드러내고 있다는 것이다. 결국, 그들은 자신들의 부모를 포함한 기성세대 전체의 기만성을 벗어나 진정한 자기 해방을 이룩함으로써 삶의 원초적이며 진실한 차원을 다시금 회복할 것을 요구하였다. 이러한 의미에서 청소년운동은 당시 독일 사회 전반에 확산되어 있던 '삶의 개혁운동'과 그 맥을 같이하고 있다.

기성세대에 대한 그들의 비판 및 반항적인 태도는 당시 독일에서의 문화비판의 논점과 결부되어 문명을 전반적으로 거부하고 자연으로 돌아가 원시적 자연의 솔직함과 진실성을 온몸으로 체험함과 동시에, 고립되고 소외된 개인이 하나의 공동체를 이루어 삶과 죽음을 함께하고자 하는 낭만주의적이며 이상주의적인 성격을 띠었다. 이에 따라 청소년운동가들은 타락한 기성세대가 지배하고 있는 오염될 대로 오염된 문명사회를 떠나 산과

들, 숲을 '유랑(Wandern)' 하면서 함께 자고 먹고 노래하며[2] 고락을 함께 나누는 운동을 펼쳤다. 이러한 운동에 참여하였던 젊은 이들이 바로 '철새(Wandervorgel)' 라는 청소년 집단의 창시자가 되었다.

그들은 중세시대의 스콜라 학자들이 집단을 이루어 순례여행을 하던 때의 관습을 이어받아 유랑하는 동안 한 사람의 카리스마적인 영도자(Führer)를 중심으로 그룹 구성원 간에 매우 긴밀한 유대를 이루고자 하였으며, 이를 바탕으로 개인이 철저히 전체와 하나가 되는 공동체 생활(Gemeinschaftsleben)을 영위하였다. 이때 영도자에게 주어진 권력은 거의 절대적인 것으로서 그 아래 속해 있는 '신봉자(Jünger, Anhänger)' 들은 그들을 이끄는 영도자에게 철저히 순종해야 했다. 또한 유랑에 참여한 청년들은 처절한 자기 극복이 요구될 만큼 엄격한 규율을 바탕으로 금욕적인 생활을 감내해야 했다. 바로 그러한 극한 상황을 체험하면서 온갖 인간적인 유혹과 크고 작은 고통을 극복해 나가는 가운데 청년들이 정신적으로나 육체적으로 강인함을 키울 수 있다고 여겼다.

당시 청소년운동의 지도자로서 명성을 얻었던 한스 블뤼허(Hans Blüher)가 유랑에 참여하였던 경험담의 일부를 인용해 보면 다음과 같다.

---

2) 철새의 단원이었으며, 청소년운동의 대표적인 인물인 한스 브로이어(Hans Breuer)는 청소년들이 유랑하는 동안 즐겨 부르던 노래를 모아 『기타치는 어린 한스(Zupfgeigenhansl)』라는 노래책을 펴냈다.

우리 모두 송림산의 정상에 오르고 보니, 발밑에는 뿌연 안개 속에 다알렘이라는 작은 마을과 달각달각 돌아가는 물레방아, 그리고 저 멀리 청록빛의 줄무늬를 이루는 그루네발드 숲이 광활하게 펼쳐져 있었다. 우리는 먼저 전쟁놀이를 했다. ……하펠에서는 목욕을 하거나 썰매를 탔다. 그러고 나서는 점심식사 후 힘차게 행군하여 되돌아왔다. 우리는 모여 앉아 방학 동안의 계획을 함께 짰다. 다음 번 방학에는 다시 뵈멘에 있는 숲으로 가서 밤새도록 커다랗게 모닥불을 지피기로 하였다. 나이가 좀 더 많은 청소년들은 어린 동생들의 용맹스러운 태도에 놀라워하면서도 각자 과연 그러한 계획을 스스로 감당해 낼 수 있을까 내심 의심하는 눈치들이었다. 그러나 그러한 의심이 이는 것은 우리에게 용기가 없어서가 아니었다. 그보다 각자의 부모님이 어른의 지도 없이 우리가 그러한 대장전을 시도하도록 과연 허락해 주실지가 의문이었다. 부모님께서는 분명 이렇게 말하실 것이었다. "그렇게 먼 여행은 너희 나이에 적당한 것이 아니란다. 우리는 어렸을 때 그런 여행을 해 본 적이 없단다. 그리고 청소년 시절에는 뭔가 하고 싶어도 참을 줄 아는 습관을 익혀야 한다."

우리는 집으로 돌아왔다. 유랑은 늘 뼛속까지 사무칠 정도의 힘겨운 과정을 동반하였다. 슈테글리츠에서는 모든 것이 활력을 찾았다. 유복한 집안 출신의 말쑥한 도령들이 저마다 새 옷을 차려입고 알브레히트가를 산책하고 있었으며, 어린 소녀들은 그 뒤를 따르고 있었다. ……그리고 그 사이로 야성적인 모습을 한 한 떼의 젊은이가 눈에 띄었다. ……그들은 두툼한 가죽부츠를 신고 말끔하게 치워진 포장도로 위를 거친 발걸음으로 터벅터벅 걷고 있었다. 그들 중 한 청년은 바지 뒷부분을 움켜쥐고 있었다. 하펠베르크의 한 모래언덕에서 늑대 한 마리가 그를 공격한 적이 있는데 그때 바지가 한 뼘 이상 찢어져 버렸기 때문이다. 사람들은 그런 그의 모습을 뒤돌아보고 다들 유쾌하게 웃어댔다(Blüher, 1963: 36).

이 인용문을 통하여 철새운동에 참여한 청년들이 유랑을 통해 자연을 체험하면서 어떤 점을 체득하고 깨닫곤 하였는지를 알 수 있다. 그들은 자연의 광활함과 야수성을 접하면서 삶 자체를 온몸으로 느꼈다. 또한 자신의 내부에 잠재되어 있는 힘이 어느 정도인지를 시험해 볼 수 있었으며, 그와 같은 과정을 통하여 강한 의지력을 키울 수 있었다.

### (2) '동맹청년단'과 청소년운동의 정치화

청소년운동의 또 다른 흐름은 '동맹청년단(Bündische Jugend)'에 속한 이들에 의해 전개되었다. 주로 제1차세계대전 이후에 청소년운동 전체를 주도하기 시작한 이들은 첫 번째 흐름에 비해 보다 정치적인 색채를 강하게 띠고 있다. 이 흐름에 속한 이들은 자신들의 논의를 청소년 문제 자체에서 시작하는 것이 아니라 당시 사회가 안고 있던 정치적 차원의 문제들로부터 전개하고 있다.

그들은 전체 사회, 즉 독일 민족이 당시 처해 있던 위기 상황에 대해 비판적인 태도를 취하면서 그것을 극복하는 일을 궁극적인 목표로 여겼다. 청소년은 무엇보다 그들이 지니고 있는 반항적 성격을 바탕으로 기성세대의 지배적인 문화에 대항하는 하위문화(Subkultur)를 창출해 내는 능력과 에너지를 지니고 있다. 바로 이와 같은 가능성에 기초하여 청소년은 전체 사회가 처해 있는 위기 상황을 극복하고 새롭고 더 나은 세계를 만들어 나가는 주역이 되어야 한다는 것이다.

이들의 경향성을 철새운동의 그것과 비교해 보면 철새운동의 청년들에게 중요하였던 것이 그들 스스로의 청년다운 삶의 형식을 되찾는 일이었다면, 동맹청년단의 청년들에게는 전체 사회적인 차원에서 삶의 질서를 전반적으로 변화시키고자 하는 욕구가 강하게 표출되었다고 할 수 있다. 놀(Nohl)은 이와 같은 두 번째 경향성의 청소년운동에 대하여 다음과 같이 적고 있다.

> 처음에 그들이(청년들이) 그들 스스로의 문제에 대해서만 생각하는 경향이었다면, 이제는 공동체에 대한 봉사와 우리 민족 전체의 미래와 관련된 책임감으로의 전향이 이루어졌다(Nohl, 1949: 16-17).

그들은 더 이상 산이나 들, 꽃에 대해 이야기하지 않았다. 대신 제1차세계대전의 경험이 얼마나 '나락으로 떨어질 만큼의 혼돈 상태' 였는지, 그리고 그러한 질곡에서 벗어나기 위한 주역으로서 어떻게 '영웅적이며 귀족적인' 성격을 띤 새로운 인간상을 도출하여 세계를 '구원' 해야 할지, 새롭게 도래할 '제국' 은 어떠한 모습을 띠어야 하는지 등과 관련하여 논의하였다(Geissler, 1963: 23-25). 이같은 논지에 따를 때 동맹청년단의 청소년운동은 결코 철새운동이 보여 주던 소박한 낙관주의를 공유하지 않는다. 그들을 사로잡고 있었던 것은 '원초적인 염세주의(primärer Pessimismus)' 인 동시에 일반적으로 전시제제의 극한 상황에서나 가능할 법한 극단적인 민족주의였다.

이 흐름에 속해 있던 대표적인 인물로는 구스타프 비네켄(Gustav Wyneken)을 들 수 있다. 비네켄은 1875년 쉬타데의 한 개신교 목사의 아들로 태어났다(Kupffer, 1970: 69). 그는 스스로를 결코 개혁교육학자나 심지어 일반적인 의미에서의 교육학자라고 여기지 않았다. 그러나 비네켄은 뒤에서 다루게 될 전원기숙사학교운동의 대표적 인물인 리이츠(Hermann Lietz), 마찬가지로 청소년운동가로 활동한 구를리트(Ludwig Gurlitt) 등과 함께 당시의 교육학계를 통틀어 상당한 명성을 누리던 인물이었다. 또한 그는 천성적으로 카리스마와 리더십을 타고난 덕에 청소년들에게 특히 강한 영향력을 행사하기도 하였다. 그는 청소년운동의 선구자로서 전체 운동을 이끄는 입장에 서 있었으며, 청소년들과 활발하게 대화를 나누며 함께 실천적인 활동을 전개하였다.

비네켄은 그의 책 『청소년을 위한 투쟁(Der Kampf für die Jugend)』에서 이전의 청소년운동에서 과연 '자연에 대한 느낌에의 몰입, 낭만을 넘어선 어떤 뚜렷한 목표, 즉 보다 높은 차원의 삶의 스타일을 발견할 수 있었는가?' 하는 의문을 던진다(Wyneken, 1920). 그에게 본질이란 피상적이며 진부한 차원을 넘어서는 것으로서 사실상 눈에 보이는 현실 그 자체가 아니라는 것이다. 그런 의미에서 잔혹하게 나타나는 현상 자체는 그다지 중요한 것이 아니다. 그보다 중요한 것은 '이성의 차원을 넘어서는(übervernünftig) 영원한 되어감의 과정(ewiges Werden)'으로서 현존하는 것들의 내부 깊은 곳에 존재하는 본질적인 내용이라는 것이다. 즉, '현재 존재하는 것(das Seiende)'이 아니라 '필연적으로 존재해야만 하는 것(das Seinsollende)'이 중요하다는 것이다. 그렇기 때문에 청소년들이 자유롭게 청년으로서의 활동을 펼치는 것은 '지각 없는(gehirnlos)' 행위라는 지적이다. 비네켄은 초창기의 철새운동이 날카로운 '시대 감각을 지니지 못하고 있던 점(Zeitlosigkeit)'을 비판하면서 강인한 의지와 자부심을 갖춘 '청소년상에 대한 새로운 비전'을 제시하면서 그는 이 비전에 따라 '청소년기사단(Ritterlicher Jugendorden)'을 조직할 것을 제안한다.

1919년 청소년운동의 후기에 속하던 청소년 집단 독일청소년동맹(Jungdeutscher Bund)의 대표적 인물인 글랏첼(Frank Glatzel)이 작성한 선언문은 비네켄의 사상에서 볼 수 있는 바와 같은 특성이 잘 드러나 있다. 이 선언문에 따르면 '독일청소년동맹'은 '독일 민족의 미래를 믿는 모든 이의 동맹'으로서, 독일 민족을 그것의 심성 저 깊은 곳으로부터 갈망하고 있는 바에 따라 모양 지우고자 한다는 것이다. 이를 위해서는 '정치적인 차원에서의 개선이 근본적으로 최우선의 과제가 되어야' 하며, '낯선 것(das Fremde)'이 활개를 치는 상황 속에서 청소년은 독일 민족 '스스로의 것(das Eigene)'을 찾아 해방시켜야 한다. 또한 그들은 독일 민족의 '피와 지성'을 이어받아 정신적인 차원에서의 귀족주의를 구가하여 민족 전체에 대한 강한 책임감을 지녀야 한다는 것이다.

이처럼 청소년운동은 이 운동의 초반기에 나타나던 순수한 교육적 의미를 후반기로 갈수록 상실해 가는 과정을 거쳤다. 따라서 후반기의 청소년운동은 더 이상 교육학적 차원에서의 운동이라고 할 수 없으며, 비네켄을 비롯한 당시의 대표적인 인물의 사상에서 볼 수 있듯이 민족주의적인 성향을 강하게 띤 정치운동으로 변모되었다. 이 같은 현상은 철저히 당시 독일의 시대 특수적인 상황에서 연원한 것이었다. 그런 의미에서 청소년운동을 그 어떤 개혁교육학의 조류보다도 독일적인 것으로 간주하는 입장이 매우 설득력을 얻고 있음을 다시 한 번 확인하게 된다.

## 3. 예술교육운동

### 1) 문화비판과 예술교육운동

예술교육운동(Kunsterziehungsbewegung)은 아마도 개혁교육학의 다양한 조류 중 문화비판의 영향을 가장 순수하고 본질적인 의미에서 실천에 옮긴 흐름일 것이다. 앞서 언급한 바와 같이 문화비판의 이론적인 근간을 제공한 대표적인 인물로 니체, 랑벤, 드 라가르드를 들 수 있다. 예술교육운동의 핵심적인 논점을 살펴보면 그들이 얼마나 이 운동에 깊은 영향을 끼쳤는지 알 수 있다. 특히, 니체의 철학적 논의와 랑벤의 대표적인 저서 『교육자로서의 렘브란트(Rembrandt als Erzieher)』는 예술교육운동이 전개되는 데 결정적인 역할을 하였다.

니체의 문화비판적인 논의 중 예술교육운동과 가장 밀접하게 연관되어 있는 부분은 앞에서도 간략하게 언급한 바로서 인간 삶의 두 가지 대극적인 측면을 고대의 비극에서 비롯된 표현을 빌려 '아폴론적인 것'과 '디오니소스적인 것'으로 구분한 대목일 것이다(Nietzsche, 1970).

니체에게 인간 삶의 아폴론적인 면이란 인간이 지니고 있는 이성적이고 합리적이며 논리적인 부분을 가리킨다. 여기서 인간의 아폴론적인 측면에서 발현되는 삶의 모습은 깨끗하게 정돈되어 빈틈없이 짜여 있다. 동시에 개개의 인간은 그 자신이 지니고 있는 이성 능력을 바탕으로 '개별성'을 지닌 채 각각 분리되어 있는 존재다.

이와는 반대로 디오니소스적인 면이란 인간의 비합리적이며 감성적인 부분, 인간 삶의 가장 깊은 심연에 자리하고 있어 때로 악마적으로 변모될 수도 있는 아주 어두운 측면을 가리키는 말이다. 디오니소스적일 때 인간은 더 이상 각각 분리되어 있는 개별적인 존재가 아니다. 마치 원시인이 힘겨운 일상을 마친 후 함께 나누어 들이킨 알코올 기운에 취해서 활활 타오르는 모닥불 주위를 돌며 군무를 추는 모습에서 볼 수 있듯이, 나와 너의 구별이 뚜렷하게 지어지지 않은 채 '우리'라는 집단성 속에 녹아 들어가는 모습이 바로 인간의 디오니소스적인 측면이다.

니체에 의하면 인간이 지니고 있는 이 두 가지 차원 중 인간 삶에서 보다 핵심적인 부분은 '디오니소스적인 면'이다. 디오니소스적인 측면이야말로 인간의 삶 자체를 가능하게 하는 생명의 근원이자 인간이 삶을 영위하도록 원동력을 제공하는 부분이라는 것이다.

당시 니체의 독일 문화에 대한 비판은 바로 이 부분에서 비롯된다. 인간의 가장 근원적인 부분을 이루는 디오니소스적인 측면이 고대 비극에서 유리피데스가 대변한 소크라테스주의(Sokratismus)가 출현한 이래 억제되기 시작하였다는 것이다. 소크라테스주의에 내포된 로고스 중심주의(Logoszentrismus)는 현상으로 나타나는 인간 일상사의 피상적인 형식 이면에서 도도하게 흐르면서 그 형식을 형성하기도 하고 파괴하기도 하는 근본적인 '삶'의 에너지 자체를 포착할 수 없을 뿐더러 이 에너지를 이성의 비좁은 틀 속에 가두어 둘 뿐이기 때문이다.

결국 니체가 경험하고 관찰한 당시의 독일 사회는 '속물근성을 지닌 지식인(Bildungsphilister)'들이 삶의 근본적인 부분은 건드리지조차 못하고 피상적인 '반쪽짜리 교양(Halbbildung)'을 바탕으로 혼잡스러운(chaotisch) 문화만 양산해 내고 있다는 것이다. 이와 같은 맥락에서 니체는 인간의 아폴론적인 측면에서 비롯되는 백과사전적이며 주지주의적인 매우 얄팍한 당시의 독일 문화에 대응하는 것으로서 디오니소스적인 차원, 즉 삶의 근원적인 에너지를 자유롭게 펼쳐 진정한 의미의 도야를 바탕으로 한 '새로운 삶의 스타일'을 창출해 나갈 것을 제안한다.

니체는 문화의 혼잡성을 극복하고 독일 민족만의 독특한 개성이 살아 숨쉬는 문화를 창조하기 위해서는 무엇보다 독일인을 둘러싼 일상적인 문화 공간의 세부적인 부분까지 변혁이 추구되어야 한다고 생각하였다. 이와 관련하여 니체는 다음과 같이 기술하고 있다.

> (일상사의) 모든 것이 그를(독일인을) 가르쳐야만 할 것이다. 그의 의상, 그의 방, 그의 집이 시야에 들어오는 순간마다, 그가 거주하고 있는 도시의 거리를 산책하는 순간마다, 그리고 그가 미술품 상점에 들러 작품들이 전시되어 있는 전시대를 둘러볼 때마다 그래야 한다(Nietzsche, 1970: 140).

니체의 이와 같은 문화비판은 당시 독일의 교양시민계층에게 큰 설득력을 지닌 채 다가왔고, 독일 사회 전반에 걸친 '삶의 개혁운동'으로 연결되었다. 이러한 경향의 움직임은 예술 분야에서 매우 다양한 장르에 걸쳐 '표현주의'의 탄생을 가능하게 하였다. 특히, 미술 분야에서는 일반적으로 '아르누보(art nouveau)'라고도 부르는 '청년 스타일(Jugendstil)'과 바이마르에 세워진 미술학교를 중심으로 전개된 '바우하우스(Bauhaus)' 스타일이 성립되었다. 주지하듯이, 특히 청년 스타일과 바우하우스의 경우 순수 미술 분야보다는 일상적으로 쓰이는 생활용품을 그 특유의 일관된 디자인 스타일을 도입해 생산해 냄으로써 생활미술 내지는 실용미술 분야에서 앞의 니체의 글에서 전하는 바와 같은 삶의 개혁을 이루고자 하였다. 이른바 청년 스타일이나 바우하우스적 차원에서 설계된 건물과 인테리어 디자인, 그리고 가구나 잉크병, 전등갓, 화병 등에는 당시의 문화비판에서 요구되던 특성이 잘 나타나 있다.

또한 니체를 비롯한 문화비판가들은 문제로 가득한 당시의 사회적 조건을 극복하기 위해서는 새로운 형태의 인간상이 요구된다는 점을 강조하였다. 이 새로운 인간상은 주로 '예술가'에게서 발견할 수 있다고 하였는데, 특히 니체는 인간의 디오니소스적인 측면을 음악적인 차원에서 최상의 상태로 형상화시킨 바그너(Richard Wagner)를 예로 들고 있다. 바그너는 그의 오페라를 구성하는 데 독일의 전통문화에서 발견되는 비극적인 내용의 신화를 끌어들이곤 했는데, 이러한 시도는 바그너 가족과 한때 매우 친밀하게 지냈던 니체에게는 예술가로서 실로 영웅적인 행위로 여겨졌다(Frenzel, 1995: 42-54).

그는 또 무엇보다 인간이 지니고 있는 디오니소스적인 측면은 아직 세상에 물들지 않은 순수한 영혼을 지닌 어린이나 청소년에게서 가장 잘 발견된다고 하였다. 이런 의미에서 어린이는 태어나는 순간 마치 바그너와 같은 예술가인 것이다. 따라서 당시 독일 사회의 모순과 문제를 극복하고 보다 나은 새 시대를 열기 위해서는 어린이나 청소년의 순수한 창조 능력(Schöpferkraft)이 억눌리지 않은 상태에서 잘 발현되어야 한다고 생각하였다. 결국 당시의 학교에서 나타났던 매우 억압적이며 주지주의적인 방향에 치우쳐 있는 교육은 어린이와 청소년의 타고난 창조력을 키워 주기는커녕 강압적으로 억제하고 심지어 말살하는 경향이 있다고 판단되었다. 그런 의미에서 니체의 문화비판은 곧 당시의 교육현실에 대한 비판으로 이어졌다.

율리우스 랑벤(Julius Langbehn) 또한 그의 문화비판에서 니체와 같은 입장에 서 있다. 랑벤은 1890년 출간하여 엄청난 판매부수를 기록한 『교육자로서의 렘브란트』에서 화가 렘브란트를 당시 요구되던 인간상의 가장 이상적인 모델로 상정하고 있다(Langbehn, 1925). 그에 의하면 교육 행위 자체는 예술과 밀접한 관련 속에서 이루어져야 한다. 즉, 예술은 삶을 영위해 나가는 데서 '아름다움'에 가장 높은 가치를 두는 특정한 생활방식으로서, 세상에 빛을 주어 세상 자체를 일정하게 승화시키는 차원에서 형성하는 행위라는 것이다. 이에 따라 그는 진정한 교육은 '예술 행위를 통하여, 그리고 예술을 위하여' 이루어져야 한다고 하였다. 랑벤은 예술가 렘브란트야말로 이러한 교육 행위를 몸소 실천한 인물이라고 여겼다.

### 2) 알프레드 리히트바르크와 박물관교육학

#### (1) 박물관교육학의 시작

예술교육운동은 앞에서 서술된 바와 같이 보다 광범위한 문화비판의 핵심적인 논점을 수용하면서 발전하였다. 이 운동은 특히 알프레드 리히트바르크(Alfred Lichtwark)와 청소년운동가로도 잘 알려져 있는 루드비히 구를리트(Ludwig Gurlitt) 등 몇몇 주요 인물을 중심으로 하여 발전하였다.

구를리트는 당시 화가이자 저술가로 알려져 있던 코르넬리우스 구를리트(Cornelius Gurlitt)의 아들로서 어려서부터 화가로 이름을 떨치던 뵈클린(Arnold Böcklin), 리버만(Max Liebermann) 등과 친밀한 관계를 유지하였다(Röhrs, 1980: 70-71). 그는 화가로서의 재능을 타고나서 당시 베를린의 슈테글리츠 김나지움에서 미술교사로 일하였다. 구를리트는 이러한 경험을 바탕으로 하여 당시 독일의 김나지움에서 이루어지고 있는 예술교육의 문제점에 대해 신랄한 비판을 가하였는데, 그가 당시의 학교교육에 대해 가지고 있던 비판적 태도는 그가 일하던 김나지움 학생들에게 큰 영향을 끼쳤다. 이러한 영향을 받은 학생들이 주축이 되어 철새운동이 이루어졌다. 앞에서 다룬 청소년운동의 대표적인 인물들인 카를 피셔나 슈테판 브로이어 등은 바로 구를리트의 제자들이다.

이처럼 구를리트를 포함한 몇몇 인물은 당시 독일의 예술교육이 지니고 있던 문제점을 지적함으로써 예술교육운동의 초석을 세운 것이 분명하지만, 이 운동을 본격적으로 궤도에 올린 사람은 바로 리히트바르크다. 원래 리히트바르크는 초등학교 교사(Volksschullehrer)였는데, 오늘날 독일의 교육학 분야에서 박물관교육학(Museumspädagogik)의 진정한 선구자로 알려져 있다(Flitner, 1996: 57-58). 그 이유는 그의 예술교육운동이 주로 함부르크의 미술전시관(Kunsthalle)에서의 활동을 중심으로 전개되었기 때문이다.

리히트바르크는 뒤늦게 라이프치히와 베를린에서 예술학(Kunstwissenschaft)을 전공한 후 1886년 34세의 나이로 함부르크

미술전시관의 관장으로 임명되었다. 그는 구를리트의 견해와 같이 당시 예술교육이 보여 주던 형식적인 면에 대해 비판을 가하면서 이론적이며 분석적인 차원, 즉 지나치게 주지주의적인 차원에서가 아니라 거듭되는 '관찰(Beobachtung)', '직관(Anschauung)', '명상(Meditation)'과 같은 반합리주의적인 방법을 동원하여 이루어지는 새로운 예술교육의 전형을 제시하였다(Lichtwark, 1917). 그는 무엇보다 어린이의 내면에 잠재되어 있는 창조성에 대하여 절대적인 신뢰를 가지고 있었다. 이러한 신뢰를 바탕으로, 리히트바르크는 가급적 교사가 적극적으로 개입하여 예술에 대해 설명(Belehrung)하는 방법에서 벗어나 어린이가 대가의 작품을 직접 보고 느끼는 가운데 그 예술가가 작품 속에서 표현하고자 하였던 깊은 의미를 스스로 깨닫게 하는 '각성(Weckung)'의 방법을 택하였다.

그는 어린이들이 이러한 자기주도적인 방식을 통하여 스스로의 잠재능력을 계발해 나가도록 해야 한다고 주장하였다. 어린이들은 그들이 박물관 혹은 미술전시관에서 접하게 되는 예술작품에 대하여 현학적인 지식을 늘어놓는 것이 아니라 그 작품 자체를 바라보면서 진정으로 즐기는 법을 배워야 한다는 것이다. 리히트바르크는 바로 이와 같은 기본적인 입장에서 그가 관장으로 일하던 미술전시관에서 어린이와 청소년을 대상으로 한 예술교육 프로그램을 실시하였다. 이러한 그의 새로운 시도는 당시 예술계 전반에서 큰 반향을 불러일으켰다.

리히트바르크는 1887년 『학교에서의 예술(Die Kunst in der Schule)』이라는 책을 출간하였는데, 여기에서 그는 단지 박물관에서 이루어지는 예술교육의 새로운 형태에 대해 논하는 차원을 넘어서서 예술교육을 통하여 독일 국민의 삶 자체를 개혁해야 한다는 논지를 전개하였다. 이는 당시 문화비판의 핵심적인 논점들과 그 맥을 같이하는 것으로, 예술이 일상생활의 깊숙한 곳까지 스며들어서 사람들의 정신과 생활, 더 나아가 사회 전체를 변화시킬 수 있도록 해야 한다는 것이다. 즉, 그에게 예술이란 인간의 의식 개혁과 더 나아가 사회 개혁까지도 가능하게 하는 원동력을 제공하는 행위다.

### (2) 예술교육운동의 확산

리히트바르크에 의해 시작된 예술교육운동은 그의 영향을 받은 볼가스트(Heinrich Wolgast), 람스추스(Moritz Lamszus), 루제르케(Martin Luserke) 등을 중심으로 한 함부르크에서의 광범위한 개혁교육운동으로 이어지면서 보다 발전된 형태를 갖추게 된다(Röhrs, 1980: 80-81). 이제 예술교육운동은 구를리트나 리히트바르크에게서 볼 수 있는 바와 같이 예술의 제반 영역 중 미술이라는 한 분야에 국한되는 것이 아니라 문학을 포함한 다른 예술 영역으로 확산되는 전기를 맞이하게 된다.

구체적으로는 볼가스트의 영향하에 '청소년문학 비판(Jugend-literaturkritik)' 이라는 새로운 문학 장르도 자리 잡게 되며, 이는 다시금 앞서 언급한 바 있는 베르톨트 오토의 '아동언어' 에 대한 연구와 연계된다. 이에 따르면 '청소년문학' 이란 성인이 청소년을 가르친다는 입장에서 의식적으로 쓰는 작품이 아니라 어린이와 청소년 특유의 언어로 그들의 정신 및 감성의 세계가 여과 없이 드러나는 작품을 지칭하는 것이다. 여기서 청소년문학이란 그 자체로서 문학의 제반 분야 속에서 다른 분야와 동등한 가치를 부여받는 독자적인 권리를 가진 분야다. 오늘날 아동과 청소년을 위한 동화나 문학 작품의 선정 기준, '국어교육'에서 중요시되어야 할 점이 마련된 것, 그림동화와 같은 장르가 탄생한 것 등은 바로 당시의 이와 같은 운동의 영향에서 비롯된 것이다.

이후 예술교육운동은 예술 전반에 걸쳐 더욱더 확산되어 음악교육에도 영향을 끼친다(Röhrs, 1980: 84-88). 당시 예술교육운동의 범주 속에서 이루어진 음악교육은 전문적인 음악인을 양성하고자 하는 이른바 기능성이 강조된 훈련의 차원이 아니며, 반드시 음악적인 재능을 가지고 있지는 않다 해도 일상생활 속에서 늘 음악을 접하는 가운데 그 자체를 즐길 줄 아는 능력을 배양하는 차원에서 이루어졌다. 이와 같은 취지에서 음악의 문외한이라고 하더라도 일반인이 음악을 자연스럽게, 부담 없이 접할 수 있도록 합창 형식이 도입되었으며, 함께 노래 부르는 가운데 가벼운 율동이나 놀이를 곁들이는 방식이 개발되었다. 또한 이때 사람들이 함께 부르는 노래로 주로 독일인에게 매우 친숙한 민요를 선정함으로써 음악을 즐기는 동시에 자연스럽게 '향토애 교육(Heimaterziehung)'이 이루어지도록 배려하였다.

이처럼 예술교육운동이 후반기에 접어들어 차츰 광범위하고 다양한 활동을 포괄하기 시작하면서, 이 운동은 개혁교육학의 다른 흐름과 서로 밀접하게 영향을 주고받으면서 함께 발전하는 양상을 띠었다. 특히, 미술교육과 관련된 부분은 '노동교육운동(Arbeitserziehungsbewegung)'이나 '체험교육학(Erlebnispädagogik)' 등의 전개와 밀접하게 연결되었으며, 음악교육과 관련해서는 청소년운동과 다음의 전원기숙사학교운동과 긴밀하게 영향을 주고받으며 전개되었다.

## 4. 전원기숙사학교운동

### 1) 전원기숙사학교운동의 국제적 성격

독일에서의 전원기숙사학교운동은 앞서 서술한 청소년운동이나 예술교육운동과의 밀접한 연관하에 전개된 철저히 독일적인 맥락 속에서 파악할 수 있는 교육운동이다. 그럼에도 불구하고 전원기숙사학교운동은 개혁교육학의 범주에서 다룰 수 있는 교육운동 중 상대적으로 국제적인 성격을 강하게 가지고 있다고 할 수 있다. 이 교육운동은 영국 출신의 교육개혁가 세실 레디(Cecil Reddie)가 '애보츠홈(Abbotsholme)' 이라는 전원기숙사학교를 설립함으로써 처음 시작되었기 때문이다. 물론, 레디가 영국인이었다고 해서 순수하게 영국의 본토에서만 성장한 토박이였다고 주장할 수만은 없는 점이 그의 생애사 속에서 발견되며, 더 나아가 그가 전원기숙사학교운동을 전개하면서도 홀로 그와 관련된 이념을 구성하였다고 볼 수 없는 증거들이 발견되는 것은 사실이다(Röhrs, 1980: 180).[3] 그럼에도 불구하고 유럽에서의 신교육운동 전반과 독일에서의 개혁교육학운동을 전공하는 교육학자들은 모두 레디의 '애보츠홈' 을 이 운동의 시발점으로 간주하는

3) 레디는 1892년 이후 독일에서 공부하였으며 괴팅겐 대학에서 박사학위를 취득하였다. 그리하여 레디는 이후부터 독일이라는 나라와 깊은 인연을 맺게 되었다. 그는 구체적인 교육학적 이론을 구성하는 데 빌헬름 라인(Wilhelm Rein)의 영향을 받았는데 1893년에는 예나로 가서 라인을 직접 만나 그의 가르침을 받기도 했다. 레디는 무엇보다 라인의 헤르바르트주의를 수용하였다.

데 이의를 달지 않는다.

특히, 여기에서 중점적으로 다루게 되는 헤르만 리이츠(Hermann Lietz)는 레디에게서 많은 영향을 받은 것을 계기로 1897년 『엠로슈토바. 소설인가, 현실인가(Emlohstobba. Roman oder Wirklichkeit?)』라는 책을 출간하였는데, 이때의 엠로슈토바는 바로 애보츠홈의 철자를 거꾸로 표기한 것이다.[4] 이로써 리이츠는 그의 교육적 이념이 전적으로 세실 레디의 영향하에 성립되었다는 점을 분명하게 밝힌 셈이었다.

레디는 영국 내에서는 애보츠홈을 세운 인물로서뿐 아니라 신교육운동의 선구자로 더 잘 알려져 있다. 그가 애보츠홈을 설립한 이후로 그의 강한 영향하에 '비데일(Bedale)' 이나 '킹 알프레드(King Alfred)', 클레이스모어 지역의 '새 학교(New School)', '몰팅 하우스(Malting House)', '비컨 힐(Beacon Hill)' 등의 학교가 뒤따라 설립되었는데, 이와 같은 움직임을 이끌어 가던 주요 인물들은 '신교육운동연합(New Education Fellowship)' 이라는 모임을 조직하기도 하였다. 이 모임에서의 친분관계에 힘입어 프랑스에서는 에드몽 드몰랭(Edmond Demolin)에 의해 레디의 애보츠홈이

4) 레디가 라인을 방문하였을 당시, 리이츠는 마침 라인이 설립한 '연습학교(Übungsschule)' 에서 교사로 일하고 있었다. 바로 여기에서 레디와 리이츠의 만남이 이루어졌다고 할 수 있다. 당시 레디와 리이츠는 굳이 누가 먼저랄 것도 없이 서로 영향을 주고받았다. 리이츠가 1896년 그의 스승인 라인의 권고에 따라 애보츠홈을 방문하였을 당시 레디가 세운 학교의 여러 구체적인 시도에 신선한 자극을 받은 것은 사실이지만, 당시 리이츠의 경우 그의 교육학적 이론의 기본적인 틀이 이미 완성 단계에 이르렀기 때문이다. 리이츠는 그로부터 일 년 뒤 일젠부르크에 독일에서의 첫 번째 전원기숙사학교를 설립하게 된다.

소개되었으며, 이로써 프랑스에서 신교육운동이 시작되었다. 그는 프랑스에서 애보츠홈과 비데일 학교의 모델에 따라 '로쉐 학교(L' Ecole des Roches)'를 설립하였다.

그러나 레디의 영향을 받은 많은 사람 중 그 누구보다도 세계적으로 명성을 떨친 인물은 '서머힐(Summerhill)'을 설립한 알렉산더 닐(Alexander S. Neill)일 것이다. 그는 앞에서 언급한 학교 가운데 킹 알프레드 학교에서 교사로 일하면서 이 학교의 교장이었던 라이스(Charles E. Rice)의 영향을 받았으며, 비데일에서 교사로 일한 바 있다(Kühn, 1995: 41-43).

독일에서의 전원기숙사학교운동은 그 나름대로의 특징에도 불구하고 레디가 애보츠홈을 통해 달성하고자 한 기본적인 교육적 요구를 적극적으로 수용하면서 전개되었다. 특히, 레디가 당시의 영국 사회의 문제점을 날카롭게 지적하고 비판한 점, 그러한 문제를 극복하기 위하여 교육이라는 실천 행위가 지니고 있는 잠재력과 가능성에 기대를 걸고 새로운 사회를 이루기 위한 발판으로서 기존의 학교와 판이하게 다른 내용과 형식을 지닌 완전히 새로운 학교를 설립하고자 한 점 등은 독일의 전원기숙사학교운동의 요구와 공통된 것들이었다. 다만, 독일에서의 이 운동은 개혁교육학운동의 다른 조류와 마찬가지로 당시 독일인의 의식을 지배하던 문화비판의 시대정신을 계승한 가운데 독일 사회 고유의 특징을 드러내며 독일에서의 청소년운동이나 예술교육운동과 밀접한 연관하에 발전하였다는 점에서 국가적 특수성을 보여 준다.

그러나 여기에서 재미있는 사실은 레디가 당시 영국 사회를 향하여 신랄한 비판을 가하면서 서술하고 있는 논의가 독일에서의 문화비판과 세부적인 점에서는 그 나라의 특수성에 기인한 상이점을 드러냄에도 기본적인 논점들에서는 일정하게 공통점을 지니고 있다는 것이다. 두 운동 모두가 당시의 교육현실에서 지나치게 주지주의적인 면이 강조되는 점을 비판하면서 감성을 포함한 인간의 모든 측면을 고려한 전인적인 교육이 이루어져야 한다고 주장한 점, 매우 윤리적이며 종교적인 색채를 띠고 있는 점, 공동체 정신을 바탕으로 하여 개인보다는 전체의 차원을 더 중요하게 부각시키고 있는 점 등이 그것이다.

독일에서의 전원기숙사학교운동은 헤르만 리이츠를 선두로 하여 쿠르트 하안(Kurt Hahn)이나 파울 게헵(Paul Geheeb), 구스타프 비네켄과 같은 인물이 선구자 역할을 하였다고 할 수 있는데, 이 중 그 누구보다도 이 운동에서 중요한 위치를 점하고 있는 인물은, 세실 레디와도 직·간접적으로 영향을 주고받았던 헤르만 리이츠다. 리이츠는 독일에서 처음으로 전원기숙사학교를 설립한 인물이기도 하며, 게헵과 비네켄은 후일 리이츠의 영향력을 벗어나 각자의 길을 걷긴 하였지만 둘 다 초창기에는 리이츠의 학교에서 함께 일하던 동료들이었다. 그런 의미에서 볼 때 게헵과 비네켄의 개혁교육학적 시도는 궁극적으로 리이츠 학교에서의 다양한 교육학적 실험을 모태로 하고 있는 것이다. 따라서 독일의 전원기숙사학교운동을 소개하기 위해서는 이 운동의 명실상부한 대표자라고 할 수 있는 리이츠와 그가 설립한 전원기숙사학교를 다루어야만 할 것이다.

### 2) 헤르만 리이츠와 '전원기숙사학교'

헤르만 리이츠는 1868년 구동독 지역의 북해 연안에 자리하고 있는 뤼겐 지역의 한 작은 마을에서 태어났다(Scheuerl, 1979: 153). 리이츠의 가정은 매우 소박한 농가였으며, 아홉 형제 중 여덟째였다. 그는 어린 시절 단순하고 힘겨운 시골생활 속에서도 늘 끈끈한 정과 인간적인 유대감으로 가득 찬 작은 공동체의 일원으로서 행복감을 느꼈다고 한다. 또한 그는 주변의 광활하고 아름다운 자연과 접하면서 실로 다양한 경험을 쌓을 수 있었다. 그러다가 학교 입학과 동시에 리이츠의 일상에서 이전까지 그에게 삶의 기반을 마련해 주었던 것들, 즉 시골 생활에서 늘 경험하던 따뜻한 공동체 생활과 풍부한 자연과의 교류 등이 가능하지 않게 되었다. 그와 같은 어릴 적 경험은 리이츠가 후일 전원기숙사학교라는 새로운 형태의 학교를 설립하도록 하는 데 큰 동인으로 작용하였던 것으로 보인다.

리이츠는 대학에서 철학, 신학 등을 공부하였으며 당시 예나에서 가르치던 저명한 문필가이자 철학자인 오이켄(Rudolf Eucken)의 영향을 많이 받았는데, 그의 영향하에 피히테의 철학을 접하게 된다. 그는 오이켄의 제자로 들어가 박사학위를 취득하였으며, 이 과정에서 게헵과 개인적인 교분을 맺는다. 얼마 뒤 교사가 된 그는 당시의 교육현실에 대하여 비판적인 시각을 발전시키던 중 그의 스승인 라인을 통하여 레디의 애보츠홈 학교와 접하게 되면서 영국의 신교육운동으로부터 큰 자극을 받게 된다. 그리고 그는 1889년에 같은 생각을 지닌 몇몇 동료와 함께 일젠부르크에 첫 번째 전원기숙사학교를 설립하면서 독일의 전원기숙사학교운동의 선구자가 되었다.

리이츠는 일젠부르크에서의 학교 설립 이후 3년 뒤인 1901년 튀링겐 지방에 '하우빈다(Haubinda)' 라는 전원기숙사학교를 설립하였다. 첫 번째 학교에서의 학생들이 성장함에 따라 보다 높은 수준의 교과를 다루는 새로운 학교가 필요하였기 때문이다. 이후 다시 3년 뒤인 1904년에 뢴이라는 지방에 '비버슈타인(Bieberstein)' 이라는 학교를 세웠는데, 이 학교 또한 하우빈다를 설립할 때처럼 학생들의 학년이 높아짐에 따라 설립된 것이다. 1906년에는 그의 중요한 동료였던 비네켄과 게헵이 리이츠의 영향을 벗어나 각자의 길을 걷게 되었지만 전원기숙사학교는 리이츠가 1919년 사망한 이후에도 계속 운영되었으며, 다른 지역에서도 설립되는 등 계속 발전하였다.

(1) 당시 독일의 교육현실에 대한 리이츠의 비판

헤르만 리이츠는 1889년 일젠부르크에 첫 번째 전원기숙사학교를 세우기 직전인 1887년에 앞에서 언급한 바 있는 『엠로슈토바. 소설인가, 현실인가』를 저술하였다. 그의 대표적인 저서라고 할 수 있는 이 책에서 리이츠는 당시 일반적이었던 학교교육 현실에 대해 신랄하게 비판을 가하면서, 그 비판적 인식을 바탕으로 그의 새로운 교육이념을 세워 나가고 있었다. 당시 독일의 교육현실에 대해 리이츠가 가한 비판은 다음과 같이 요약할 수 있다.

첫째, 리이츠는 당시 독일의 교육에서 '가정' 의 역할이 매우 축소되고 있던 점을 날카롭게 지적한다. 리이츠의 시각에서 당시 독일은 '새로운 시대' 를 맞이하여 매우 거대한 변혁의 움직임에 휩쓸려 가고 있었다. 즉, 산업화의 물결이 급격하게 밀려오면서 비교적 큰 규모의 농가를 중심으로 이루어지던 대가족의 전원생활이 점점 사라져 감에 따라 '가정'은 산업화 이전에 수행하던 기능을 상당 부분 상실하게 되었다.

둘째, 산업화의 물결로 당시의 학교는 주로 대도시에 설립·운영되었는데, 그러다 보니 학생들이 자연에서 차츰 멀어지게 되었다는 점을 리이츠는 비판한다. 그에 의하면 "교육이란 아동의 '타고난 본성'을 모든 측면에서 다 발현하도록 하는 일"이다. 이러한 교육은 아동이 '자연'에 파묻혀 그 안에서 자유롭게 자랄 때 저절로 이루어진다고 리이츠는 생각하였다. 반면 대도시 학교에서 자연적 본성을 잃은 아이들은 '인간에게 천성적으로 주어지는 선한 본성을 잃게' 되며, 이렇게 될 때 교육은 '인류의 도덕적 완성을 위하여 기여하는 바가 전혀 없는 무의미한 활동'이 된다는 것이다. 이와 같은 맥락에서 리이츠는 대자연의 품속에서 이루어지는 '여행', '유랑'을 매우 중요하게 여겼다.

셋째, 당시의 학교가 여전히 '수업 위주의 학교' 수준에 머무르고 있기 때문에 발생하는 또 하나의 심각한 문제는 학생의 '자율성이 상실'된다는 점이다. 리이츠에 의하면 당시의 학교는 자질구레한 지식의 편린을 교육 내용으로 하여 학생들에게 그것을 '기계적, 단순 반복적으로 암기'하도록 강요하고, 그것을 습득하였는지를 확인하기 위해 끊임없이 수정을 가하며 성적을 매긴다. 리이츠는 진정한 의미에서의 교육이 이루어지는 곳에서 교육자는 '산파'의 역할 이상의 일을 해서는 안 된다고 보았다. 이때 교육자가 주의를 기울여야 할 가장 중요한 측면은 아동의 '흥미'다. 즉, 교육자는 아동의 '흥미를 불러일으키고 활용'하도록 돕기 위해 그가 가지고 있는 교육학의 다양한 학문적 방법과 '교육술(Erziehungskunst)'을 총동원하여야 한다.

넷째, 당시의 학교에서는 이처럼 아동들이 천성적으로 타고난 인간으로서의 '위대성', '아름다움', 더 나아가 주체로서 마땅히 가져야 할 '자율성'이 배양될 수 없기에, 아동은 절대로 '강한 개성(Charakterstärke)을 지닌 인간', '윤리적인 차원에서 쓸모 있는 유능한 인간'이 될 수 없다는 것이다. 리이츠는 이와 같은 교육현실에 직면할 때 '진정한 교사'가 더욱 절실히 요구된다고 하면서, 진정한 교사라면 당시에 이루어지던 수업 위주의 교육이 아닌 진정한 의미에서의 교육을 이루고자 할 것이라고 주장하였다.

다섯째, 당시 독일의 학교에서는 '육체'와 '감성'의 부분이 지나치게 경시되고 있다는 점을 리이츠는 지적한다. 리이츠에 따르면 '교육에서 이성의 부분과 마찬가지로, 아니 그 이상으로 아이들의 육체와 감성의 측면이 훈련되고 연마되며 풍요로워야 한다는 것은 세상에서 가장 단순한 진리'에 속하는 일이다. 그는 이와 같은 맥락에서 무엇보다 '야외놀이'를 매우 중요하게 생각하였다. 그리고 광활한 자연에서 아동 및 청소년이 가지고 있는 가장 순수하고 건강한 의미에서의 '자발성'에 기초한 놀이가 제대로 이루어질 때에야 비로소 인간은 정신과 육체 및 감성 모두가 고루 발달하는 전인적인 존재가 된다고 믿었다.

### (2) 리이츠의 전원기숙사학교의 실제

1889년 독일 하르츠 지방의 작은 마을 일젠부르크에 독일 최초로 전원기숙사학교를 설립하였을 때, 리이츠는 이곳을 그가 당시 교육에 대해 비판을 가하면서 이상적인 형태의 '참교육' 이 이루어지리라 꿈꾸던 학교로 구성하고자 하였다. 여기에서는 리이츠가 당시 설립하였던 전원기숙사학교가 실제로 어떠한 형태로 구성·운영되었는지를 살펴보고자 한다. 이를 위해 그가 일젠부르크에 처음으로 전원기숙사학교를 설립하면서 이후 전원기숙사학교를 운영하는 데 참고할 수 있도록 정리해 놓은 구체적인 교육목적과 원칙을 살펴본 후, 그에 따른 실제적인 교육과정 및 전원기숙사학교의 구체적인 조직에 대해 알아본다.

① 교육목적과 구체적 원칙

리이츠가 밝힌 전원기숙사학교의 교육목적은 '이 학교에 맡겨진 아동들을 조화롭고 자립적인 성격으로 교육하며, 몸과 마음 모두에서 건강하고 강인하며, 육체적, 실제적, 학문적, 예술적 차원에서 유능하며, 명료하고 날카롭게 사고하는 동시에 따뜻한 감성을 지니며, 용감하고 강건한 독일 청년으로 교육하는 것' 이다(Lietz, 1970: 31). 이로써 리이츠는 그의 학교에 몸담고 있는 학생들이 육체와 정신 그리고 감성의 모든 측면에서 고루 발달한 '전인적 존재' , 동시에 독일인으로서의 장점을 갖춘 청년으로 교육될 것을 희망하였다고 할 수 있다. 리이츠는 이와 같은 교육목적을 달성하기 위해 그의 전원기숙사학교에서 다음과 같은 구체적인 '교육 수단' , 즉 교육적 차원에서 실제로 실행되어야 할 기본 원칙을 준수할 것을 요구하고 있다(Lietz, 1906).

첫째, 전원기숙사학교는 도시가 아닌 자연, 즉 건강함이 넘쳐흐르고 아름다우며 가까운 곳에 풍광이 멋들어진 산악지대가 위치하고 있는 하르츠 지방의 농촌 지역에 세워져야 한다.

둘째, 교육은 학생과 교사가 서로 친구로서, 즉 '나이가 조금 어리거나 조금 많은 친구'로서 더불어 '공동생활', '공동놀이', '공동작업' 하는 일이어야 한다. 이때 교사는 학생들에게 무엇보다 그들의 모범적인 강인한 인격과 교직에 대한 열정적인 헌신 및 청소년에 대한 그들의 진정한 사랑을 바탕으로 윤리적이고 종교적인 차원에서 교육적 영향을 미쳐야 한다.

셋째, 기숙사에서의 일상생활에서나 식생활에서 위생적인 생활습관을 철저히 고수해야 한다. 특히, 식생활과 관련하여 알코올을 엄격히 금지시켜야 함은 물론, 지나치게 향료가 많이 들어간 음식도 피해야 한다. 대신 학생들이 채소, 과일, 우유, 계란, 어류 등의 건강에 이로운 음식을 풍부하게 섭취하도록 해야 한다. 더 나아가 학문적인 차원에서의 교육활동과 육체적인 차원에서의 노작이 적당한 비율로 번갈아가며 이루어져야 한다. 그리고 예술활동이나 놀이를 통해 학생들이 에너지를 충전하며 쉴 수 있어야 한다. 이에 더하여 목적을 뚜렷하게 세우고 꾸준히 몸과 마음을 강인하게 만들도록 단련시켜야 한다.

넷째, 신체 단련을 위하여 학생들은 매일 '유랑', '달리기', '놀이', '수영', '체조' 등과 같은 활동을 해야 한다. 매일 아침 기상 직후와 휴식 시간을 이용하고, 일정 시간을 할애해서, 또는 일주일에 한 번 자유로운 오후 시간에, 그리고 매주 일요일 오후마다 이와 같은 활동을 하되, 하루에 약 2시간 정도는 운동을 해야 한다.

다섯째, 매일 실제적인 육체노동을 하도록 하되, 그것이 아이들에게 즐거움을 선사하고 그들이 가지고 있는 에너지와 능력에 상응하는 것이어야 하며, 동시에 그들을 정신적인 차원에서 자극하고 건강을 증진시키는 것이어야 한다. 이때 아이들이 할 수 있을 만한 실용적인 육체노동의 예로는 정원 가꾸기, 밭일, 작업장이나 공사장에서의 노동 등이 있으며, 구체적으로는 땅을 파거나 식물을 심거나 물을 주는 일, 건초 모으기, 목공예, 건설 작업 등이 있다.

여섯째, 매일 '예술활동'이 이루어져야 한다. 규칙적으로 시간을 정해 놓고 자연을 보고 그리기, 진흙이나 왁스 등으로 주물러 만들기, 석고 작업, 노래하기, 가능한 한 모든 악기를 연주하기 등 날마다 다양한 예술활동을 해야 한다. 또한 일정하게 계획을 세워서 예술 작품을 감상하는 법을 배우도록 하며, 정기적으로 음악 연주회와 연극 발표회를 연다.

일곱째, '윤리적이며 종교적인 심성'과 '애국심'을 배양하기 위해 마련된 특별한 프로그램을 시행하는데, 매일 하는 아침, 저녁 기도처럼 행해야 한다. 각별히 축하하거나 기념할 일이 있는 경우는 물론이고 그 외에 일반적으로 이루어지는 교과수업(특히, 자연과학, 역사 과목) 시에도 늘 윤리적, 종교적 측면을 강조하여 전반적으로 종교적인 분위기를 조성해야 한다.

여덟째, 모든 종류의 외부적인 압력을 없애며, 직접적으로 특정한 일에 근거하지 않는 처벌이나 칭찬은 금지해야 한다. 진정한 교육에서 이루어져야 할 것은 실제로 교육 자료나 인원을 투입할 때 진심으로 기뻐하는 가운데—형식적으로가 아니라—'의무를 이행'하는 일이다. 이때 학생들의 내면세계와 그를 둘러싸고 있는 자연의 상태와 성질이 면밀하게 고려되어야 한다.

아홉째, 수업은 전문적인 교육술과 교육학의 학문적 법칙에 근거하여 이루어지는 과학적인 수업이 되도록 해야 한다. 즉, 엄격하게 심리학적 지식을 활용하여, 항상 학생의 '흥미'를 자극하는 수업이 되어야 한다. 또한 배운 지식을 활용한다는 차원에서 정원이나 작업실 등에서 실제적으로 적용해 보는 실습 과정을 두어야 하며, 그림이나 모델, 카드 등 시각적인 교육 자료를 활용한 '직관' 수업이 이루어져야 한다.

② 교육과정

리이츠는 전원기숙사학교는 교육과정이 당시의 교육제도 속에서 실제로 시행되고 있던 학교 형태인 실과학교, 특히 전공 영역이 통합되어 있는 개혁 김나지움(Reformgymnasium)과 가장 유사할 것이라고 하였다. 그러면서 그는 앞의 교육 목적 및 원칙에 의거하여 구체적인 교육과정 운영에서 어떠한 점에 유의해야 할 것인가를 다음과 같이 주장하고 있다(Lietz, 1906: 32-36).

첫째, 전원기숙사학교의 교육과정에서 가장 중점을 두어야 할 영역은 '독일어', 즉 모국어여야 한다. 이때 독일어의 학습에서 가장 기본적으로 습득되어야 할 언어 능력은 '말하기와 쓰기(대화 나누기와 편지쓰기)'다. 외국어 영역에서는 4학년(9세)부터 불어를, 6학년(11세)부터 영어를 가르쳐야 한다. 그리고 외국어 수업은 반드시 해당 국가의 원어민 교사가 가르쳐야 하며, 수업 시간에는 해당 언어로만 의사소통을 해야 한다. 더 나아가 외국어 교수 시에는 언어 능력 자체를 배양할 뿐 아니라 반드시 해당 국가의 문화와 문학 작품을 함께 다루어야 한다. 이러한 원칙은 리이츠가 다른 과목(역사, 문화, 지리 등)에서 강조한 원칙,

즉 그 어떤 수업도 과목 혹은 세부적인 교육내용 간에 서로 '관련성 없이' 이루어져서는 안 된다는 원칙과 같은 맥락에서 이해될 수 있다.

둘째, '역사', '지리', '자연', '수학' 과목의 수업을 할 때는 교사가 교과 내용을 학생들에게 일방적으로 전달하는 방법을 절대로 사용해서는 안 된다. 학생들이 결코 '죽어 있는 이름이나 숫자' 들을 학습하게 해서는 안 된다는 것이다. 따라서 리이츠는 모든 교육 내용을 학생이 주도하는 가운데 교사와 함께 선정해야 하며, 그 내용은 반드시 '현재의 문화' 를 익히는 데 의미 있는 것이어야 한다고 보았다. 즉, 그는 전원기숙사학교에서 다루는 교육 내용이 늘 '실제 삶' 과 연결된 '실용적인' 것이어야 한다는 점을 강조하였다.

셋째, 수업운영 면에서는 '집중' 의 원칙을 고수해야 한다. 여기에서 집중이란 오늘날 우리가 흔히 쓰는 말로 교과목들의 '통합' 을 의미한다. 리이츠는 전 교과과정을 통틀어 다음과 같이 세 영역으로 나누었다.

- 인간생활
- 자연생활
- 문화

구체적으로 '인간생활' 에 해당되는 교과목은 '역사', '언어(독일어와 외국어)' 이고, '자연생활' 에 해당되는 교과목은 '수학', '자연과학' 이며, 마지막으로 두 영역을 연결시켜 주는 부분인 '문화' 의 영역에는 '문화학', '지리학' 이 속한다.

넷째, '종교' 수업에서는 특정한 학습 내용을 학생들에게 인지적 차원에서 각인시키는 방식이 아니라, 학생들의 가장 깊은 내부에 잠재된 종교적 심성을 각성시켜서 그것을 더 높은 수준으로 향상시켜 주는 방식의 교육이 이루어져야 한다. 이에 따라 무엇보다 아이들에게 아직까지는 의식되지 않고 있는 종교심을 불러일으키기 위해, 아이들이 잘 공감하고 존경심을 가지고 모범으로 삼을 만한 '인격'을 갖춘 자가 아이들과 가까운 곳에서 늘 함께 생활할 것을 요구하였다.

다섯째, 일주일에 한 번씩 '토론의 밤'을 가짐으로써 학생들이 자유롭게 말하고 논쟁하는 방법을 습득하도록 해야 한다. 이때 토론의 주제는 해당 주에서 실제로 벌어진 정치적, 경제적, 사회적 차원의 사건이며, 그 주제에 대해 학생은 자신의 의견을 정리해서 발표하고 이에 대해 집중적으로 논쟁을 벌이게 된다. 이와 같은 시간을 가짐으로써 모든 아이가 대중 앞에서 긴장하지 않고 정확하게 의사 전달을 할 수 있게 되며, 자신의 생각을 자유롭게 표현할 수 있는 기술을 익히게 된다는 것이다.

여섯째, 부모가 원하거나 학생 자신에게 소질이 있을 경우 학자로서의 길을 가도록 추가적인 교육이 이루어져야 한다. 이때 일반적인 교과목에 더해서 이루어지는 수업은 특히 라틴어와 그리스어 수업이다. 리이츠에 의하면 바로 이와 같은 방식으로 일반 김나지움 과정에서 가르치는 과목이 추가되어, 전원기숙사학교의 전체 교과과정이 실과학교 내지는 상급 실과학교의 조직과 동시에 개혁 김나지움의 조직을 함께 운영하는 식으로 구성되는 것이다.

③ 학교의 조직 및 운영

리이츠는 당시 남학생을 위해 일젠부르크와 하우빈다, 그리고 비버슈타인 성에 각각 전원기숙사학교를, 그리고 여학생을 위해 지버스도르프(Sieversdorf)와 가이엔호프(Gaienhof) 성에 각각 전원기숙사학교를 운영하고 있음을 밝혔다. 그는 이 학교들을 실제로 조직·운영하기 위한 원칙 또는 규칙으로서 다음과 같은 사항을 구체적으로 명시하고 있다(Lietz, 1906: 37-39).

첫째, 기숙사는 늘 적당한 수의 학생을 받아들여야 한다. 학생 수가 너무 많을 경우 기숙사는 모든 아이에게 진정한 의미에서의 '가정'의 역할을 대신할 수 없게 되며, 교사 또한 개개 아이들에게 세세한 관심을 가질 수 없게 되기 때문이다. 반면 수업에서는 학생 수가 너무 적어서는 안 된다. 질 좋은 교육이 되기 위해서는 일정하게 '자극'이 있어야 하는데, 학생 수가 너무 적을 경우 건강한 의미에서의 경쟁이 불가능하기 때문이다. 그러나 수업에서도 학생 수를 지나치게 많이 늘리면 학생들끼리 서로를 알고 직접적인 관계를 맺는 데 지장이 있을 수 있으므로, 적절한 학생 수를 유지해야 한다.

둘째, 학교 내에서의 모든 교육활동은 늘 아이들의 발달 단계에 상응하는 것이어야 한다. 그래야만 학생들은 자신의 연령에 걸맞은 '자립성'을 구현할 수 있기 때문이다. 이를 위해 학생들의 연령이 낮을 때는 인지적인 교과목보다는 '놀이'가 교육활동의 중심이 되어야 한다. 반면 고학년으로 올라갈수록 놀이보다는 자연, 예술, 학문의 제 영역 교과목에서 집중적인 심화학습이 이루어져야 한다.

셋째, 이와 관련하여 '교육이 이루어지는 장소'를 선정하는 문제에서도 아이들의 발달 단계가 최대한 고려되어야 한다. 가장 나이 어린 학생의 경우는 강변에 위치한 작은 정원과 축사가 딸려 있는 소규모의 농장이 제일 적합할 것이다. 근처에는 또한 산들이 있어서 때때로 '유랑'을 하기에 매우 유리하다. 좀 더 나이 든 학생의 경우는 농장의 규모가 그에 상응하게 더 커야 할 것이다. 또한 농장에서는 아이들이 실제적인 노동, 예컨대 간단한 농사일이나 수선 등의 일을 할 수 있는 기회가 제공되어야 한다. 특히, 농장은 약간의 폐쇄성을 가지고 있어서 학생들이 마치 소규모 국가의 시민이 된 것 같은 형식을 띠어야 한다. 최고 고학년의 경우는 깊은 산악 지역이 제일 적합하다. 그곳은 되도록 현실 세계로부터 멀리 떨어져 있어야 하며, 학생들에게 높은 산과 깊은 계곡을 접할 수 있는 기회가 주어져야 한다. 이러한 장소는 학생들로 하여금 정신적으로 집중할 수 있도록 하여 깊은 사유를 가능하게 할 것이다.

넷째, 모든 기숙사는 일단 연령과 성별에 따라 소단위로 분류하여 운영되어야 하지만, 개별 기숙사가 지나치게 독립적이어서는 안 될 것이다. 실제로 운영해 가면서 각 기숙사에 속한 학생들이 서로 빈번하게 방문하도록 하고, 기숙사가 서로 긴밀하게 연계된 가운데 자주 행사를 가져야 한다. 그럼으로써 학생들은 기숙사를 전체로서 총괄하여 광범위하게 조망할 수 있는 시야를 키울 수 있을 것이다.

④ 전원기숙사학교의 특징

리이츠가 설립한 전원기숙사학교에서의 생활은 처음 그가 이 학교를 설립하여 운영한 이래로 당시의 교육제도 속에서 흔히 볼 수 있는 다른 학교들과 뚜렷하게 구별되는 다음과 같은 몇 가지 특징을 가지고 있다.

첫째, 전원기숙사학교는 '자연'과의 교감을 매우 중요시하였다. 우선, 학교가 인간의 군상과 기계문명에 의해 오염될 대로 오염된 도심으로부터 멀리 떨어진 곳에 위치하고 있었다는 점에서 그러하다. 그러나 이러한 공간적인 측면을 넘어서서 이 학교에서는 책상 앞에 앉아 공부하는 것보다 오히려 학생들이 숲이나 들로 나가 여행과 유랑을 즐김으로써 자연을 몸소 체험하고 함께 호흡하는 경험을 더 중요하게 생각하였다. 이때 학생들은 마치 '청소년운동'의 한 갈래인 '철새' 집단의 유랑처럼 때로는 폭력적이고 잔인한 환경을 제공하는 자연의 극한상황까지도 끝까지 겪어 냄으로써 강인한 의지력과 자신감을 체득할 것이 요구되었다.

둘째, 인간의 정신적 측면에 못지않게 '육체적' 측면을 크게 강조하였다. 종래의 학교가 학생들을 교실 안에 가둔 채 종일 신체적 활동을 제한함으로써 머리만 발달된 기형적 성인을 배출해 냈다면, 전원기숙사학교에서는 학생들이 정기적으로 '육체노동'을 하도록 교육과정을 편성하고, 잦은 트레이닝 과정을 통하여 학생들의 체력을 강하게 키우는 데 주력하였다. 또한 여기에서 언급되는 '노동'은 다른 한편으로는 '노작'을 의미하기도 하는데, 이 경우의 '노동'은 어떠한 완성된 작품을 만들어 가기 위해 요구되는 기술 연마 차원에서의 '숙련성'을 의미한다. 이때의 '노작'은 결국 '예술'의 차원과도 연결된다. 앞에서도 언급하였듯이 리이츠의 학교에서는 정규 교과과정 차원에서 '예술' 시간을 의도적으로 많이 배정하고 있는 모습이다.

셋째, 교육과정을 운영함에 있어서 '실제 삶', '실용적'인 측면과의 연결성을 매우 강조하였다. 리이츠는 그 어떤 과목에서 배우는 지식이든지 그것이 '죽은' 것이 되어서는 안 된다는 점을 지적하면서 그 일환으로 교육 주제를 선정할 때 교사가 아닌 학생이 주도하는 가운데 함께 참여해야 한다고 주장하였다. 같은 맥락에서 수업 운영에 있어서 과목을 전공 영역에 따라 세분화하지 않고, 가능한 한 서로 '연관성 있게' 다룰 것을, 즉 통합할 것을 제안하고 있다.

넷째, 정규적인 수업 외에 '종교의식'과 같은 행사의 중요성을 부각시켰다. 이 점은 특히 앞에서 언급한 애보츠홈의 경우와 비교될 만한 부분일 것이다. 앞서 서술하였듯이 레디는 애보츠홈의 교과과정에서 '채플'의 중요성을 매우 강조하였다. 특히, 채플 수강의 효과로서 학생들의 정신적 측면에서 통일성을 부여하는 점, 기독교적 정신을 근간으로 하여 학생들의 생활에 있어서 윤리적인 측면이 강화되도록 하는 점 등이 부각되었다. 이와 유사하게 리이츠는 그의 하우빈다나 비버슈타인 학교에서 저녁 예배 시간을 가지곤 했는데, 이는 학교에서 가장 중요한 행사였다. 저녁 예배는 날씨가 좋은 날에는 야외에서 거행되기도 했는데, 그때마다 리이츠는 학생들에게 문학적인 고전 중 한 부분을 낭독해 주거나 역사적으로 중요한 인물에 대한 이야기를 해 주곤 하였다. 이러한 저녁 예배 시간을 통하여 학생들은 스스로의 잘못을 반성하는가 하면 자신과 미래에 대해 생각해 보는 기회로 삼곤 하였다.

이와 관련하여 리이츠의 학교에서는 공식적으로 행하는 종교의식이나 교과목으로서의 종교 시간 외에도 학교생활 전반의 아주 세밀한 부분들, 하물며 의식주에 이르기까지 '종교적' 인 분위기를 연출할 것을 요구받았다.

특히, 종교적 심성과 깊게 관련된 부분으로서 '윤리성' 을 강조하면서 학생들에게 상당히 높은 강도의 '금욕적' 인 생활을 요구하였다. 이 같은 측면은 학생들의 일상생활에서 일체의 '감각적' 인 면을 자제할 것을 규정하는 점에서도 드러났지만, 바로 앞에서 언급한 것처럼 자연의, 때로는 폭력적이고 잔인한 환경에 몸소 부딪치도록 함으로써 오늘날의 '극기훈련' 내지는 '체험교육' 의 교육 방법을 적용한 점, 그리고 육체적인 차원에서의 '노동' 이나 '훈련' 을 강조한 점에서도 찾아볼 수 있다.

다섯째, 리이츠의 학교에서는 마치 가장을 중심으로 하는 가부장제의 부자관계와 같이 교사와 학생의 관계가 구성되어 있었다. 이때 학교의 전체 구성원은 리이츠라고 하는 매우 강한 카리스마를 지닌 가부장을 중심으로 형성된 가족 같은 분위기의 공동체 속에서 실제로도 마치 자식이 아버지를 대하듯이 가부장으로서의 리이츠에게 순종하는 생활을 하였다. 물론, 리이츠가 한편으로는 다소 독재적인 성격을 지니고 있었다는 기록이 남아 있기도 하지만, 그럼에도 불구하고 다른 한편으로는 교사와 학생의 관계가 마치 친구 같은 사이였던 것 또한 사실이다(Meissner, 1965).

특히, 당시의 제도권 내의 학교에서는 모든 교육활동이 매우 철두철미하게 권위적이며 엄격하였던 교사 중심으로 이루어졌던 점과 비교해 볼 때 리이츠의 학교에서 나타났던 교사-학생의 관계는 그와는 근본적으로 구별되는 것이었다.

여섯째, 바로 앞에서 서술한 바처럼, 결국 리이츠의 학교에서 구성원 간의 관계가 대가족과 같은 형태를 띠고 있었다는 것은 이 학교가 종래의 학교와는 달리 구성원 간의 정서적 유대관계가 매우 강조되었다는 것을 의미한다. 이러한 리이츠의 가족적인 공동체에서는 '전체'의 측면이 그에 속한 개개 구성원의 '개별'적 측면보다 훨씬 중요한 의미로 해석되었을 것이다. 실제로 리이츠는 학생들을 친가족처럼 여겼다고 하며, 그러한 자세로 학생들과 모든 일을 함께해 나갔다고 한다. 이에 따라 학생들 역시 학교에서 일어나는 일을 마치 자기 자신의 일인 양 여기며 성심성의껏 책임과 의무를 다했다고 한다. 이 점과 관련하여 앞에서 교육목적에 대해 다루는 가운데 이미 서술한 것처럼, 리이츠 학교에서 '공동체'를 특히 강조하였던 대목 외에, 학생들에게 정기적으로 '침묵'의 시간을 갖도록 한 점을 언급해야 할 것이다. 리이츠는 이와 같은 행위를 통하여 학생들이 단지 소리를 내지 않는 차원을 넘어서서 개인적인 요구만을 주장하는 것이 아니라 공동체와 전체를 위하여 '자아를 포기할 줄 아는 능력'을 키울 수 있게 된다고 믿었다. 또한 이 학교에 속해 있는 사람들은 유니폼을 입었는데, 이는 교사와 학생을 비롯한 학교의 관계자 모두가 '우리 모두는 하나'라고 하는 통일성 내지는 일체감을 고양시키기 위한 것이었다.

일곱째, 무엇보다 교과과정을 다루는 차원에서 뚜렷하게 드러난 것처럼, 리이츠 학교에서는 '언어', 특히 '독일어'의 습득이 매우 중요성을 띤다. 이는 앞서 이 학교에서 준수되어야 하는 교육적 원칙에 대해 서술하는 부분에서 '애국심'을 고취하는 프로그램의 시행을 요구하는 측면과도 깊은 관련이 있다. 여기서 주의할 점은 리이츠가 조국애 고취의 부분을 종교적, 윤리적인 심성을 키우는 일과 동시에 이루어져야 할 부분으로 여겼다는 사실이다. 즉, 리이츠의 교육이념 속에서는 표면적으로 떠들썩하게 드러내지는 않았지만, 민족주의적인 측면이 일정하게 발견되고 있음을 볼 수 있다.

## 5. 통합학교운동

### 1) 통합학교운동과 종합학교운동

통합학교운동(Einheitsschulbewegung)은 개혁교육학의 여러 운동 중 제도적인 측면, 즉 현재 시행되고 있는 공교육제도의 실제적인 구성에서 가장 큰 영향을 끼친 교육운동일 것이다. 물론, 이 운동의 대표적인 인물이 원래 통합학교라는 학교 모형을 고안해 내어 실행에 옮기고자 의도하였던 바가 독일의 당시 교육현실 속에서 완전히 실현된 것은 아니었지만, 현재 독일에서의 공교육제도가 적어도 4년간의 초등학교 수준까지 통합화(Vereinheitlichung)되어 있는 것은 모두 1920년을 전후하여 독일 전역에서 이루어진 통합학교운동의 성과인 것이다(Nave, 1961). 또한 독일의 1970년대 이후 교육의 역사에서 중요한 전환기로 기억되고 있는 것이 '종합학교운동'[5]인데, 이 운동 역시 통합학

5) 독일에서 '통합학교' 내지는 '종합학교'라는 용어에 해당되는 단어는 Einheitsschule와 Gesamtschule로 두 가지지만 의미에서는 대동소이하다.

교운동과 상당히 깊은 연관성을 지니고 있다. 물론, 여러 가지 이유로 1970년 당시 종합학교운동의 대변자들은 그들의 이론적인 논의에서 바이마르 공화국 시대에 이루어진 통합학교운동을 의식적으로 배제할 수밖에 없었다. 하지만 두 운동에서 요구되는 교육적인 원리의 핵심에서, 그리고 그것의 현실적인 적용 면에서 두 운동은 밀접하게 연관되어 있다. 특히, 종합학교의 두 가지 형태인 계열분리식 종합학교(Kooperative Gesamtschule: KGS)와 계열통합식 종합학교(Integrierte Gesamtschule: IGS)[6] 중 후자의 형태가 이 글의 대상인 통합학교와 학교 조직의 측면에서 가장 근접해 있다(Klafki, 1968: 534).

---

지난 20세기 초 독일에서 통합학교라는 용어를 쓸 당시 그것이 대체로 Einheitsschule로 통일되어 있었다면, 1970년대 이후 현대에 이르기까지 독일에서의 통합학교는 일관되게 '종합학교', 즉 Gesamtschule로 대변되고 있다. 이와 같은 용어 사용의 변화 내지 혼동은 무엇보다 독일 역사에서의 이데올로기적 냉전이라고 하는 정치적, 사회적 배경에 기인한 것이다. 1970년대 서독에서 종합학교운동이 활성화될 무렵, Einheitsschule라는 명칭은 이미 1950년대 이후 구동독에서 그들 특유의 사회주의적 교육제도를 위한 명칭으로 사용되고 있었다. 이에 따라 구서독의 종합학교운동의 대표자들은 당시 동독의 교육제도와 그들의 운동이 용어상 혼선을 빚는 것을 막기 위해서, 더 나아가 정치적 노선에서 동독의 사회주의와의 구별을 명료화하기 위해서 의식적으로 Einheitsschule의 사용을 기피하였다.

6) 종합학교 모델은 보통 두 가지 모형으로 나누어지는데, 그것은 '계열분리식 종합학교'와 '계열통합식 종합학교'다. 계열분리식 종합학교는 직업교육 계열과 일반교육 계열을 분리하여 운영하되 계열 간의 개방을 인정하여, 학생들이 허용된 범위 내에서 다른 계열로 이동할 수 있는 자유를 보장하는 것을 그 특징으로 하고 있다. 반면, 계열통합식 종합학교는 앞의 계열을 서로 구별하지 않으며, 학생들이 지극히 개별화된 학습 계획에 따라 다양한 과정을 선택·이수하도록 운영되었다.

첫째, 이념사적인 측면에서 통합학교와 종합학교는 프랑스대혁명 시대의 콩도르세(Marie Jean Antoine Nicolas Marquis de Condorcet) 이후 교육이념에서 개인의 자유(Freiheit)와 기회의 균등(Chancengleichheit)이라는 두 이념 모두에 중요성을 부여하여 함께 수용하고 있다. 이 두 교육이념은 교육학적인 차원에서 볼 때 한편으로는 교육의 실제 상황에서 개별성(Individualität) 내지는 차별성(Differenzierung)의 원리로, 다른 한편으로는 통합성(Einheitlichkeit) 내지는 평등성(Gleichheit)의 원리로 바꾸어 표현될 수 있다. 통합학교운동과 종합학교운동은 두 교육이념을 되도록 한 학교의 틀 안에서 동시에 실현하고자 하는 교육학적으로 결코 쉽지 않은 시도를 하고 있는데, 바로 이러한 점에서 두 운동은 공통점을 지닌다.

둘째, 교육원리의 측면에서도 통합학교와 종합학교는 공통점이 있다. 두 학교에서는 모두 국가 전반에 걸쳐 독일에서 태어난 모든 어린이는 그의 가정적인 출신 배경, 즉 사회적 · 경제적 차원에서의 계층적 차이와 성별, 인종에서의 차이에 관계없이 초등교육부터 중등교육에 이르기까지 일반교양교육과 직업교육이 조화롭게 통합된 조직의 학교로 진학하는 것을 원칙으로 하고 있다. 이와 같은 이념은 지난 세기의 전환기에서나 1970년대 이후의 현대에서나 독일의 학교들이 철저히 계층, 직업, 종교, 성별 등 모든 면을 근간으로 불평등하게 조직되었다는 점에 대한 신랄한 사회 비판을 바탕으로 하여 구성된 것이다. 물론, 이때 통합학교운동과 종합학교운동은 각각의 운동이 근거하고 있는 시대사적인 배경이 완전히 다른 만큼, 그 안에서 이루어지는 사회 비판과 관련된 구체적인 논의에서는 판이하게 다른 내용을 담고 있다.

셋째, 교육운동으로서의 성과 면에서 통합학교운동과 종합학교운동은 그 이념이 본래 추구하고자 하였던 목적을 달성할 수 없었다고 하겠다. 두 운동 모두에서 좌절 내지 실패는 무엇보다 운동의 배경이라고 할 수 있는 각 시대의 역사적, 사회적, 문화적 특수성과 독일이라는 국가적 특수성에 기인한다고 할 수 있다. 물론, 현재의 종합학교운동의 경우 실패하였다는 표현에 무리가 있을 수 있다. 왜냐하면 1980년대 이후 전국적 차원에서 종합학교운동이 더 이상 활발하게 이루어지고 있지 않음에도 일부 종합학교 모형의 지지자들, 즉 사회민주당의 정치적 노선에 서 있는 이른바 온건좌파의 옹호론자들에 의해 이 운동이 지금까지지도 면면히 이어지고 있기 때문이다. 실제로 현재 종합학교가 독일의 몇몇 주, 특히 헤센이나 노르트라인-베스트팔렌과 같은 주에서 제4의 정규학교(Regelschule) 내지는 선택 가능 학교(Angebotsschule)로 자리를 잡고 있다. 또한 이 운동의 전개 이후 독일 내의 전통적인 삼지형 교육제도가 여러 측면에서 긍정적인 영향을 받은 점을 고려하면 이 운동이 실패하였다고 볼 수는 없을 것이다.

지금까지 서술한 내용을 종합해 볼 때, 통합학교운동은 개혁교육학의 범주 안에서 명백히 당시 독일의 특수한 상황과 밀접하게 연결되어 있는 만큼 철저히 그 시대와의 연관성 속에서 다루어야 한다. 그러나 보다 넓은 의미의 일반적인 교육사 속에서 보면, 통합학교운동은 사실상 개혁교육학이라는 시대 특수적인 교육운동의 범주를 훨씬 넘어서는 독립적인 역사를 지닌 운동이라고 할 수 있다. 우선, 앞에서 서술한 것처럼 통합학교운동이

1970년대 독일에서의 종합학교운동과 관련되어 있고 현재 종합학교운동이 아직까지도 진행 중에 있다고 한다면, 그것과 밀접하게 연관되어 있는 통합학교운동 또한 아직까지 완전히 종결되지 않은 교육운동이라고 할 수 있다.

또한 과거로 거슬러 올라가 보아도 통합학교운동은 '역사적 보편성'을 함께 지닌다. 이는 일반적으로 통합학교 이념의 기원을 따질 때 그 시초를 코메니우스(Johann Amos Comenius)에게서 찾기 때문이다(Fend, 1982: 23). 체코슬로바키아의 교육사상가인 코메니우스는 그의 범지학(Pansophie)을 바탕으로 한 범교육학(Pampaedia)의 원리에 입각하여, 전체 교육제도를 모든 연령에 해당하는 모든 종류의 학교를 포괄하는 통일성을 지닌 것으로 조직할 것을 요구하였다. 더 나아가 앞서 언급하였듯이 근대의 계몽사상에서는 통합학교 이념이 가장 극명하게 드러난 예로서 프랑스대혁명의 대표적 인물인 콩도르세의 교육이념을 들곤 한다(Sienknecht, 1968). 이때 콩도르세에게 무엇보다 중요했던 점은 그의 혁명 이념에 근거하여 한 국가에 속한 모든 국민에게 동등한 교육 기회가 주어져야 한다는 것이었다. 결국, 통합학교의 이념은 범국가적이며 범시대적인 학교 모델로서 매우 보편적이라고 할 수 있다.

따라서 그 명칭이 어떻든, 그리고 그것이 탄생한 시대적인 특수성이 어떻든 간에 통합학교의 이념은 그것이 대변하는 교육학적 차원에서의 조직원리라는 측면에서 볼 때 개별성(Individualität) 내지는 차별성(Differenzierung)의 원리와 통합성(Einheitlichkeit) 내지는 기회 균등(Chancengleichheit)의 원리를 근간으로 하고 있음을 알 수 있다. 그렇기에 이 두 가지 교육원리에 대하여 좀 더 상세히 서술할 필요가 있는데, 이 중 통합성의 원리를 먼저 다루는 것이 올바른 순서일 것이다. 통합학교의 이념은 원칙적으로는 두 원리를 동시에 한 학교의 조직 안에서 이루고자 한다는 점을 내용으로 하고 있으나, 실제로 교육현장에서 이 학교 모델이 시행될 경우 그 명칭에서 엿볼 수 있듯이 개별성보다는 통합성이 우선시되는 경향이 있기 때문이다.

통합성 내지는 기회 균등의 원리는 무엇보다 '모든 인간이 태어나는 그 순간부터 평등하다' 는 가정에서 출발한다. 여기서 말하는 평등은 물론 다양한 통합학교 이론에서 각각 조금씩 다른 배경을 가지고 있다. 예컨대, 코메니우스의 사상에서의 평등은 곧 '신 앞에서의 평등' 을 의미하는 반면, 콩도르세를 비롯한 계몽사상 속에서의 평등이란 '법 앞에서의 평등' 을 뜻할 것이다. 콩도르세는 그의 교육이념에 나타나는 '평등' 을 다음과 같이 표현하고 있다.

> 교육에서의 평등이란 인간 종에 속하는 모든 이가 그들의 권리가 과연 무엇인지를 배움과 동시에 그들에게 주어진 의무가 무엇인지 깨달아 시행할 수 있는 능력을 키우도록 수단을 제공하는 일이다. 그리고 모두가 직업적인 숙련성을 익힐 수 있고 자신이 부름받은 바 직업으로서의 사회적인 기능을 수행할 수 있는 능력을 획득하도록 기회를 마련해 주는 일이다. 또한 그러한 기회를 통하여 자신의 재능을 최대한 개발하여 실현시킬 수 있도록 권리를 보장받는 일이다 (Condorcet, 1966).

이와 같은 원리를 바탕으로 통합학교의 이념은 초창기부터 매우 추상적인 의미에서 이해될 수 있는 인간의 자연권(Naturrecht)에 입각한 교육 기회를 모든 인간에게 제공해야 한다고 요구한다. 따라서 통합학교는 한 국가에서 태어난 모든 어린이가 그 어떠한 사회계층적, 성별적, 종교적, 인종적 차이를 막론하고 국가적으로 통일되어 있는 하나의 교육제도 속에서 초등학교부터 대학에 이르기까지 자기가 하고 싶은 만큼, 능력이 닿는 만큼 교육을 받을 수 있도록 보장해 주는 학교다.

통합성 내지 기회 균등의 원리에 따를 때, 통합학교는 원칙적으로 한 학교 안에 유치원을 비롯하여 초등학교부터 대학에 이르기까지 모든 교육 단계를 포괄하면서도, 모든 형태의 일반교육과 직업교육이 동시에 이루어지도록 분야별로 서로 다른 학교까지 모두 하나의 학교라는 울타리 속에 포함하고 있어야 한다. 결국, 현실적으로 통합학교가 실현된다면 엄청나게 넓은 학교 부지와 다양한 형태의 많은 건물, 그리고 교육 기자재를 모두 한데 포괄하는 거대 조직이 될 것임은 자명하다.

통합학교의 또 하나의 주요 이념인 개별성 내지는 차별성의 원리는 이러한 통합성 내지는 기회 균등의 원리를 전제로 하여 구성된 학교 안에서 개인의 흥미와 능력을 최대한 신장 · 개발시키도록 보장하려는 세부적인 원리라고 할 수 있다. 이 원리에 따르면 인간은 그가 누려야 하는 권리라는 차원에서는 평등하지만, 그의 현실적인 모습은 다양성(Mannigfaltigkeit)을 지니는 개성 있는 존재다. 이러한 점에서 인간은 같은 학교의 울타리 안에 있어도 각자의 재능과 흥미, 성취도에 따라 서로 다른 교육을 받아야 한다는 것이다.

바로 이와 같은 취지에 입각하여 통합학교는 한 학교 내에서 학생들이 자신의 흥미와 능력, 자질에 따라 각자 개별적으로 구성된 교육과정에 맞춰 교육받도록 보장해야 한다. 또한 학생들은 일단 특정 과정에 따라 교육을 받다가도 뜻과 계획이 변경될 경우 다른 과정으로 쉽사리 이동할 수 있어야 한다. 그런 의미에서 개별성의 원리와 관련하여 통과성(Durchlässigkeit) 역시 매우 중요한 교육원리가 된다. 여기에서 통과성의 원리란 학생들이 기존의 교육제도 속에서는 어떠한 이유에서든 자신이 원할 때 일반교육이 이루어지는 김나지움과 다양한 직업학교 사이를 오가며 자유롭게 공부할 수 있는 기회가 거의 없는 데 반해 통합학교에서는 자신이 원하면 언제든지 자유롭게 일반교육과 직업교육의 서로 다른 교육과정을 넘나들며 공부할 수 있음을 의미하는 것이다.

### 2) '단호한 학교개혁가들의 연합'과 통합학교운동

앞서 서술한 두 가지 교육원리를 핵심적인 논점으로 삼은 통합학교운동은 지난 세기의 전환기를 풍미하는 중요한 교육운동의 한 흐름으로서 뚜렷하게 자리매김하였다. 이 운동에 가담하여 핵심적인 역할을 한 이들은 매우 많았는데, 그중에서 '단호한 학교개혁가들의 연합(Bund entschiedener Schulreformer)'이 특히 주목을 끈다. 이 단체는 1919년 바이마르 공화국의 출범 직후 설립되어 당시 통합학교운동의 전체적 흐름 내지는 운동의 확산이라는 차원에서 주도적 역할을 한 진보적 성향의 교사단체다(Neuner, 1980). 특히, 이 단체는 파울 외스트라이히(Paul Oestreich)를 회장으로 두면서 그 명성이 더해 갔다. 외스트라이히는 이 교사단체의 통합학교 이념이 두 가지 주요한 교육원리를 기본적으로 포함함과 동시에 당시 독일 사회의 시대적 배경을 바탕으로 한 여러 가지 특수성을 함께 나타내도록 한 인물이다(Böhm, 1973). 이에 따라 이 단체의 통합학교 이념은 당시 유명했던 여타의 통합학교의 이념과도 차별화되는 매우 독특한 성격을 띠게 되었다.

단호한 학교개혁가들의 연합의 통합학교 이론은 특히 '신축성 있는 통합학교(Die elastische Einheitsschule)' 라는 독특한 명명이 었는데, 여기에서 신축성(Elaszitität)이란 앞서 언급한 통과성과 유사한 개념이다. 외스트라이히가 신축성이라는 표현을 그의 통합학교 이념 속에 포함시킨 것은 통합학교에서는 무엇보다 개별성의 원리가 강조되어야 한다고 생각하였기 때문이다. 특히, 그는 인간의 재능에 대해 논의한 부분에서 인간을 '가능성의 복합체(Möglichkeitskomplex)' 라고 서술하고 있다(Oestreich, 1923a: 80).

어린이의 발달이란 늘 그 어린이가 처해 있는 여러 환경적인 조건에 따라 민감하게 반응하게 마련이어서, 일반적으로 아동발달심리학에서 주장하는 바와 같이 어떤 정해진 단계에 따라 꾸준히 발달이 진행되는 것이 아니라는 것이다. 그보다 어린이의 발달은 어떤 때는 빠르고 어떤 때는 느려서 속도나 발달의 정도에서 상당히 불규칙적으로 진행된다는 것이다. 그러나 경직되어 있는 발달심리학을 바탕으로 하여 연령에 따라 매우 폐쇄적으로 조직되어 있던 당시의 학교제도 속에서 어린이와 청소년은 싫든 좋든 학년이 바뀜에 따라 일사불란하게 학교 일정을 따라야만 했다. 또한 어떤 아이들은 타고난 자질이 매우 늦게 발현되기 시작하여 오랫동안 자기가 가야 할 길을 정하지 못한 채 유예상태에 머물기도 하였다. 바로 이와 같은 인간 재능에 대한 파악에 따라 외스트라이히는 학교가 철저히 신축성 있게 조직되어 있어서 아이들의 요구와 조건에 따라 얼마든지 변형 가능해야 한다고 주장하였다.

외스트라이히의 통합학교 이념이 지니고 있는 독특성은 그 외에도 많은데, 그것은 무엇보다 그의 생애사적 특수성에서 비롯된다. 그는 1878년 베를린 근교의 그다지 넉넉지 못한 소시민의 가정에서 태어난 이후 매우 불행한 어린 시절을 보냈다(Schultheis, 1991). 그는 뛰어난 두뇌를 지니고 있었으나 몸이 매우 약했고, 또 아주 예민하고 괴팍한 성격의 소유자였다. 그는 성인이 되어 수학을 비롯한 자연과학을 공부하고 나서 이 분야의 과목을 가르치는 김나지움의 교사가 되었으며, 당시의 시대적인 흐름에 부응하여 차차 정치적인 활동에 가담하기 시작하였다. 그에게는 정치활동의 중심이 결국 단호한 학교개혁가들의 연합을 조직하여 이 단체의 회장으로 활약하는 가운데 통합학교운동의 대표적인 인물이 되는 과정에 있었다. 이때 외스트라이히의 교육 및 정치 이념과 활동에는 여러 측면에서 모순점과 문제점이 내재해 있었다.

외스트라이히는 종종 그와 함께 단호한 학교개혁가들의 연합을 조직한 프리츠 카르젠(Fritz Karsen)과 비교되곤 한다. 카르젠은 몇 가지 조직 내부적인 문제와 외스트라이히와의 개인적인 갈등 때문에 매우 짧은 기간 동안만 이 교사단체에 머물렀으나, 이 단체에서 탈퇴한 이후 나름대로의 세계를 지닌 개혁교육학자로서 발전하였다(Radde, 1973). 특히, 그는 자신의 교육이념을 그 누구보다도 적극적으로 현실에 반영하고자 노력한 매우 실천적인 인물이었다.

외스트라이히와 카르젠은 비록 그들이 같은 교사단체에 속해 있었고 교육에 대한 그들의 견해에서도 큰 차이를 보이지 않았음에도, 그들의 교육개혁 이념 속에 깊숙이 내재된 시대사적, 사회계층적 특수성을 보다 일반적이고 본질적인 차원의 교육이념으로 승화시키는 과정에서는 뚜렷한 견해 차이를 보이고 있다.

외스트라이히의 경우, 그의 타고난 성격상의 문제는 그의 하급 출신 배경에서 비롯된 심리적 문제, 특히 열등감과 결합하여 후일 그가 단호한 학교개혁가들의 연합의 장으로서 통합학교운동을 이끌어 나가는 데 상당 부분 갈등 요소로 작용하였다. 그는 스스로를 '반쪽짜리 프롤레타리아(Halbproletariat)' 라고 규정하면서 노동자들과 깊은 유대감을 느꼈다. 이와 같은 유대감을 바탕으로 그는 당시의 독일식 사회주의의 차원에서 매우 급진적인 노선에 속해 있던 이론을 적극적으로 받아들였다. 그런 의미에서 외스트라이히는 직업적으로는 교사였으나 엄밀한 의미에서는 정치가였다.

따라서 그에게 교육운동이란 순수하고 본질적인 교육의 문제에서 출발하였다기보다는 보다 정치적, 사회적 차원에서의 정신혁명운동 내지 문화혁명운동의 성격을 띠고 있었다. 그런 점에서 그의 통합학교 이념은 사실상 교육적 이념이 아니라 특정한 정치적 목적을 위한 도구로 전락한 면모를 드러내었다(Böhm, 1973). 즉, 외스트라이히의 경우 그의 이론적인 전개에서 드러나는 것처럼 교육적 개혁의 실천보다는 정치적 차원에서의 선동과 선전이 더 중요한 과제로 부각되었으며, 유토피아적 경향의 강한 민족주의를 드러내었다(Schultheis, 1991; Choi, 2004).

이에 반해 카르젠은 그의 교육이념을 실천에 옮기면서 보다 교육적 본질에 가까운 개혁교육가로서의 면모를 드러내었다. 그는 현실적인 수많은 장애에도 불구하고 1923년 이후 베를린의 노이쾰른(Neukölln) 지역을 중심으로 자신의 통합학교 이념을 부분적으로나마 실현한 시범학교를 설립하였다. 여러 가지 점에서 독일의 종합학교운동을 역사적 차원에서 돌이켜 볼 때, 카르젠은 명실상부하게 선구자적인 역할을 하였다. 현재 베를린의 한 종합학교는 이와 같은 그의 교육적 업적을 기리기 위해 그의 이름을 따서 '프리츠-카르젠 학교(Fritz-Karsen-Schule)'라 명명되고 있다. 또한 최근에도 명맥을 유지해 가고 있는 통합학교의 옹호자들이 모여 행사를 열 때 주로 이 학교를 중심으로 모든 일이 진행되는 모습을 볼 수 있다.

### (1) 외스트라이히의 통합학교 모델

앞에서 언급하였듯이 외스트라이히는 스스로 김나지움 교사였음에도 불구하고 교육학자이기보다는 정치가의 역할을 보다 적극적으로 수행하였으며, 그런 의미에서 그의 통합학교 이념은 다분히 정치적 색깔을 띠고 있는 것이었다. 그럼에도 불구하고 독일의 교육학계에서 바이마르 공화국 시대 동안 지속되었던 통합학교운동에 있어서 가장 대중적으로 알려진 인물로 외스트라이히가 거론되는 만큼 그가 실현하고자 하였던 통합학교 모델에 대해 보다 자세하게 다루어 볼 필요가 있다.

외스트라이히의 통합학교 모델은 1919년 1차적으로 구성되었다가 1920년 개최되었던 '제국학교회의(Reichsschulkonferenz)'에서 논의를 거친 뒤 1921년 수정되어 최종적으로 완성되었다. 여기서는 이와 같은 변천 과정에 대해 간략하게나마 언급하고자 한다. 이 과정을 살펴봄으로써 우리는 현재를 살아가는 우리가 너무나도 당연하게 여기는 기본적 교육원리인 자유, 평등 이념이 그 당시 지배적이었던 정신적, 문화적 분위기 속에서 얼마나 치열하고 힘겨운 사유와 논쟁의 프로세스를 거쳐서 우리의 교육적 일상으로 자리 잡게 되었는지 새삼 확인하게 될 것이다.

잘 알려져 있듯이 이 통합학교 모델은 바이마르 공화국 시대 당시 공교육 체제에 수용되지 못하였을 뿐 아니라, 1945년 제2차 세계대전 이후 소비에트 연방 치하의 구 동독 지역에서 새롭게 교육체제를 구성할 때에도 적극적으로 참조되지 않았다(Ellerbrock, 1992). 이처럼 이념을 현실화해 가는 과정에서 두 차례에 걸쳐 좌절을 겪었음에도 불구하고, 결과적으로 외스트라이히의 통합학교 모델이 독일의 현 종합학교 모델이 추구하는 교육적 이상에 가장 가까운 형태라는 점, 더 나아가 1956년 이후 구 동독이 공식적으로 인정한 공교육제도가 다름 아닌 통합학교 체제였던 점을 돌이켜 볼 때 실로 역사의 아이러니라 하지 않을 수 없다.

### ① 1919년: '외형적으로 세분화된 통합학교'

외스트라이히의 통합학교 모델의 정확한 명칭은 '삶의 학교, 생산학교로서의 신축적 통합학교(Elastische Einheitsschule als Lebens- und Produktionsschule)'다. 이것은 동시에 1923년 출간된 그의 대표 저서의 제목이기도 하다(Oestreich, 1923b). 이 명칭은 학교 이름이라고 하기에는 다소 길지만, 사실상 이 명칭에 사용된 모든 단어가 서로 다른 교육적 이념을 그 안에 각각 함축적으로 담고 있기 때문에 꽤 의미심장하다고 할 수 있다.

앞서 서술하였듯이 '신축성' 이라는 말과 '통합성' 이라는 두 단어는 각각 교육에 있어서의 '개별성의 원리' 와 '기회 균등의 원리' 를 대변하고 있다. 즉, 민주주의의 기본 이념인 자유와 평등 이념이 이들 원칙에 각각 녹아 들어가 있다고 볼 수 있다.

그에 더하여 외스트라이히는 그의 통합학교가 '삶의 학교(Lebensschule)' 가 되어야 한다고 생각하였는데, 이때의 '삶' 이란 앞의 3장에서 논의된 바 있는 '삶의 철학', 그리고 그와 같은 정신적 경향을 바탕으로 일었던 '삶의 개혁운동' 과 같은 맥락에서 이해할 수 있다. 동시에 외스트라이히는 그의 통합학교를 '생산학교(Produktionsschule)' 로도 간주하였는데, 여기에서 '생산(Produktion)' 이란 그의 정치적 신념이 뿌리를 두고 있던 마르크스주의적 사회주의 차원에서 거론될 수 있는 노동(Arbeit) 개념과 밀접하게 관련되어 있다. 즉, 그의 통합학교 이념에서의 교육이란 단지 인지적 차원에서의 정신적 활동일 뿐 아니라 동시에 후일 생존을 위한 직업생활을 가능하도록 하는 노동, 노작활동이어야 한다는 것이다.

1919년 외스트라이히의 통합학교 모델이 처음 고안되었을 당시 그는 이미 자신의 학교에 이 명칭을 부여하였으며, 이것은 기본적으로 1921년에 수정된 통합학교 모델에도 마찬가지로 적용된다. 다만, 1919년의 경우 통합학교이긴 하되 '외형적으로는 세분화된(mit äußerer Differenzierung)' 모델이라는 점이 특징적이다. 이 통합학교에서는 모든 학생이 18세까지 한 학교 안에 머물기는 하나 처음 4년간의 초등 단계 교육을 마친 뒤에는 아동의 재능에 따라 일괄적으로 세 그룹으로 나누어 배치한다는 점에서 1921년에 완성된 모델과 차이를 보인다.

이 모델에 따를 때, 학생들은 초등 단계의 교육이 시행되는 동안 '평균 이하(Unternormale)', '평균(Normale)', '평균 이상(Über-normale)'의 기준에 따라 분류된다. 이어 4년간의 초등 단계 교육이 끝난 뒤, '평균 이하'의 학생들은 수공업적 기능이나 기술이 강조되는 직업을 위한 실용적인 교육이 시행되는 특수학교로 진학하게 된다. 그리고 '평균' 집단에 속한 학생들은 5년간 '일반학교(Allgemeinschule)'에서 교육받은 뒤 2년간의 의무교육을 거쳐 이후 3년간 상업 분야나 일반 사무직 등 다양한 중간 계층적 직종에 배치되기 위한 교육을 받게 된다. 마지막으로 '평균 이상'의 범주에 속하는 학생들은 '영재학교(Begabtenschule)'에 진학하게 되는데, 이 경우 두 가지 외국어 교육을 포함하여 5년간의 일반교육이 진행된다. 이 과정을 마치면 다음에는 학생 각각의 재능과 관심에 따라 일부는 다양한 직종으로 배치되기 위한 '전문직업교육(Fachausbildung)'을 받고, 학자가 되고자 희망하는 학생들은 3년 과정의 '상급학교(Oberschule)'에 진학하게 된다.

이처럼 외형적으로 세분화된 통합학교 모델은 앞서 서술한 것처럼 통합학교가 기본적으로 갖추어야 할 모든 이념을 추구하긴 하되 '통합성', 즉 기회 균등 및 평등의 원리보다는 '개별성', 즉 자유의 원리에 더 초점이 맞추어져 있음을 알 수 있다. 그러나 그 실제적인 운영을 위한 세부 사항으로 들어가 보면 사실 통합학교가 형식적인 차원에서 갖추어야 할 기본적인 틀이 결여되어 있음을 알 수 있다. 크게 보면 사실상 이 모델이 단지 한 학교에 머문다는 점에서만 다를 뿐, 내용 면에서는 현재의 독일 공교육제도에서 지향하고 있는 삼지형제도, 즉 학생의 재능에 따라 4년간의 초등교육 이후 김나지움, 실과학교, 주요학교로 각각 나뉘어 배치되는 체제와 거의 유사한 형식이었다고 할 수 있다. 특히, 이 모델을 고안하면서 외스트라이히는 교육에 있어서 개인의 자유를 강조하되 무엇보다 '평균 이상' 의 학생들을 위한 '영재학교' 에 큰 관심을 갖고 그 교육과정을 준비하는 데 특별한 정성을 기울였다는 점에서, 사실상 이 첫 번째 모델의 경우 통합학교의 최우선적 이념으로 달성되어야 할 기회 균등의 원리가 실제적으로는 상당 부분 위반되었다는 것을 알 수 있다.

② 1921년: '내부적으로 세분화된 통합학교'

외스트라이히는 1920년 '단호한 학교개혁가들의 연합' 에 속한 다른 동료 교사들과 함께 「제국학교회의」에 참여하여 1919년 고안된 첫 번째 통합학교 모델을 선보였으며, 그에 따라 여러 교육학자들과 논쟁이 벌어지게 되었다(Choi, 2004: 253). 이 논쟁을 거치면서 외스트라이히는 스스로 첫 번째 통합학교 모델이 지닌 문제에 대한 자아성찰적 차원에서 비판을 가하게 된다.

> 1919년, 나는 여전히 '지위 상승(Aufstieg)' 의 이데올로기에 사로잡혀 있는 상태였다. 이에 따라 주로 지식주의적인(intellektualistisch) 차원에서 파악된 '재능의 정도' 에 따라 구분하는 학교 모델을 구성하게 되었는데, 이 같은 모델은 특히 상급학교에서 일하는 교사들에게 매우 환영받을 만한 것이었다. 이 초기 학교 모델 안에 이미 통합학교가 당연히 갖추어야 할 모든 주요한 요소가 갖추어져 있었던 것은 사실이지만, 그래도 나의 내부에 아직도 '재능 있는', '유능한' 학생을 선호하는 경향이 잔재한다는 사실 역시 부인

할 수 없다. 나는 이제 이러한 외형적 세분화의 틀을 거부하고자 한다(Oestreich, 1923b: 20).

이때로부터 다시 일 년이 지난 후 외스트라이히는 케르셴슈타이너(Georg Kerschensteiner)의 교육론에 기대어 1919년의 모델에서 중심이 되었던 '재능(Begabung)' 개념의 의미를 재해석하게 된다(Choi, 2004: 254). 이제 외스트라이히에게 있어서 재능이란 여전히 각 개인에게 부여된 고유성(Eigenarteigkeit)의 차원에서 볼 때 중요하긴 하지만 각각의 개인이 실제로 영위해 가는 삶 속에서는 거부할 수 없는 '공동체(Gemeinschaft)'에 귀속된 가운데 발휘되어야 하는 것으로 해석된다. 이와 같은 이념적 차원에서의 변화에 따라 1921년 새롭게 구성된 외스트라이히의 통합학교 모델은 이제 '내부적으로 세분화된(mit innerer Differenzierung)' 형식을 띠게 된다.

1921년의 새 통합학교 모델에 따를 때 학생들은 재능의 고하와 관심의 다양성을 막론하고 유치원부터 대학에 이르기까지 다 함께 한 학교에 머물며 교육을 받게 된다. 이러한 형식의 통합학교 체제는 사회 내에서 요구되는 거의 모든 종류의 학교 형태를 하나의 거대한 학교 내에 모두 포괄하고 있다. 이 학교는 외형적 차원에서는 '수평적(horizontal)'인 단계로만 구분될 뿐 각각의 단계에 소속되어 있는 학생은 각자 자신의 재능과 관심에 따라 원하는 교육 내용을 개별화된 교육과정에 따라 맞춤식으로 수업받게 된다. 이와 같은 통합학교 모델은 오늘날의 시각에서 볼 때 구체적인 운영의 차원에서나 내용적 차원에서 앞서 언급한 바 있는 계열통합식 종합학교 모델에 가장 가까운 형태를 취하고 있다(Klafki, 1968).

외스트라이히의 두 번째 통합학교 모델은 구체적으로 모두 네 단계로 나뉘며, 각 단계와 관련된 세부 내용은 다음과 같다.

- 유치원(Kindergarten): 외스트라이히는 3~6세의 모든 아동은 의무적으로 유치원에 다녀야 한다고 생각하였다. 특히, 몬테소리식의 유아교육을 선호하였던 외스트라이히는 유치원 교육을 통해서 달성되어야 할 과제로 다음의 세 가지 사항을 들고 있다.

  첫째, 가정의 육아 부담이 줄어야 한다. 일반적으로 많은 자녀를 둔 어머니의 경우 육아를 위해 할애되는 시간뿐 아니라 유아교육을 위해 전제되어야 할 전문적 지식을 결여하고 있는 경우가 허다하기 때문이다. 유치원 교육은 그와 같은 교육적 차원에서의 결손을 메워 주는 역할을 담당해야 한다. 둘째, 유치원은 모든 유아가 마땅히 갖추어야 할 일반적인 교양을 가르치는 교육을 실시해야 한다. 셋째, 유치원 교육은 아동들이 소속된 계급적인 차원에서의 불평등적 요소를 제거하는 방향으로 실시되어야 한다.
- 초등학교(Grundschule): 외스트라이히는 초등교육 단계를 6~16세까지 10년 동안 지속되는 것으로 구성하고 있으며, 그 10년 가운데 다시금 4년 동안을 하급 단계(Unterstufe)로, 나머지 6년 동안을 중급 단계(Mittelstufe)로 나누고 있다. 하급 단계의 초창기에는 유치원 교육에서 실시되던 바와 같이 놀이가 중심이 되는 학습활동이 이루어지다가 차차 지적인 차원에서의 교육을 실시하게 된다. 외스트라

이히는 초등교육의 하급 단계에서도 기본적으로 몬테소리 방식으로 교육이 실시될 것을 요구하고 있으며, 내용적 차원에서는 학생들이 속해 있는 지역 중심의 '통합수업' 으로 시행된다. 학생들은 학년이 올라가면서 3개의 그룹으로 나뉘어 교육받게 되는데, 그 첫 번째는 언어적, 국민교육적 차원에서의 통합수업, 두 번째는 계산 및 측정, 공간적 이해의 영역, 세 번째는 체육, 예술의 영역이다.

그리고 중급 단계부터 '내부적 세분화' 가 이루어진다. 이를 위해 외스트라이히는 모든 학생에게 의무적으로 이수해야 할 최소의, 혹은 핵심과목(Minimaloder Kernunterricht)을 정해 주고, 나머지 과목은 매일 세 시간씩 자유 선택이 가능하도록 하여 학생들이 저마다 재능과 흥미, 관심에 따라 교육과정을 실시할 수 있도록 하였다.

- 상급 단계(Oberstufe) 혹은 직업학교(Berufsschule): 16세 이후의 학생들은 각자의 재능 및 관심에 따라 크게 두 가지 계열로 나뉘어 진학하게 된다. 상급 단계에서는 학자로서의 길을 가고자 하는 학생들에게, 직업학교에서는 특정한 실제적, 기술적 직업을 택하고자 하는 학생들에게 적합한 교육이 제공된다. 이 단계는 교육 내용에 따라 2~3년 정도의 기간 동안 지속되며 크게 네 계열로 나뉜다. 그 첫째는 이론적인 학문 탐구의 계열, 둘째는 농업 및 경제 계열, 셋째는 예술 계열, 넷째는 사회, 자선 활동 계열이다.

이때 학생들이 일단 이러한 계열 중 한 계열에 속하게 되더라도 관심이나 삶의 목표가 달라질 경우에는 언제든지 타 계열로 자유롭게 전환할 수 있는 권리가 주어진다. 그런 의미에서 앞에서 언급한 바 있는 통과성의 원칙이 상급 단계에 이르기까지 철저하게 적용되고 있다고 할 수 있다.

- 대학(Hochschule) 혹은 전문대학(Fachschule): 통합학교 체제의 가장 높은 단계는 대학, 전문대학 단계로서 내용적인 차원에서 바로 그 전 단계인 상급 단계와 매우 밀접하게 연결되어 있으며, 이 역시 앞에서 언급한 네 가지 계열로 나뉘어 있다. 이때도 계열 간의 통과성은 상급 단계에서 적용되는 바와 같은 원칙하에 철저하게 개인의 선택에 따르는 것으로서 개방되어 있어 교육의 기본 이념인 기회 균등 및 자유가 최대한 보장되고 있다고 할 수 있다.

### (2) 카르젠의 통합학교 이념과 교육개혁적 시도

카르젠의 통합학교 모델은 그 기본적인 틀에 있어서 앞에서 서술한 바와 같은 외스트라이히의 통합학교 모델과 크게 다르지 않다. 다만, 카르젠은 그의 통합학교 모델에 조금 다른 명칭을 부여하였는데, 그것은 '형성되어 가는 사회의 학교(Schule der werdenden Gesellschaft)' 다(Karsen, 1921). 이 명칭에 따를 때 카르젠의 통합학교 이념에 있어서 학교란 모름지기 미래의 어느 불특정한 시점에 비전으로서 완벽한 사회에 도달할 수 있도록 기능해야 할 과제를 안고 있는 것으로 이해할 수 있다. 즉, 카르젠에게 있어서도 학교에서 이루어지는 교육활동이란 외스트라이히에게 있어서와 대동소이하게 학교를 둘러싼 보다 큰 공동체인 전체 사회를 목적으로 하여 사회가 더 나은 방향으로 나아가도록 하기 위한 수단으로서의 의미를 지니고 있다.

다만, 카르젠의 통합학교 모델이 외스트라이히의 그것과 조금 다른 측면이 있다면, 카르젠의 경우 외스트라이히와 비교할 때 당시의 예술교육운동에 보다 큰 관심을 가지고 있었다는 점이다. 그런 맥락에서 카르젠의 통합학교를 통해 양성되어야 할 새로운 인간상은 '자유롭게 창조하는, 살아 움직이는(frei schöpferische, lebendige)' 존재여야 했다(Choi, 2004: 275). 바로 그런 의미에서 카르젠은 그의 학교 모델에서 개개 학생들의 자발성 및 개성이 보다 강조될 것을 주장하였다.

앞에서 간략하게 언급하였듯이 카르젠은 외스트라이히의 경우와 달리 그의 통합학교 모델을 실제로 설립해 볼 수 있는 기회를 가졌다. 카르젠은 1923년, 즉 그가 외스트라이히와의 극심한 갈등 이후 '단호한 학교개혁가들의 연합'을 떠나고 약 2년 뒤 베를린-노이쾰른 지역의 노동자 출신 청년을 대상으로 하여 아비투어(Abitur) 준비를 위한 코스를 만들었으며, 이는 후일 프리츠-카르젠 학교라는 명칭으로 부르게 되는 종합학교의 모태가 형성된 셈이다. 이후 1927년, 8년 과정의 초등학교(Volks-schule)가 이 학교에 포함되면서, 드디어 형식적 차원에서 모두 합해 13년 과정의 제대로 된 통합학교 체제가 갖추어지게 되었다. 카르젠은 그와 교육이념을 공유하는 동료와 함께 당시 '칼-마르크스 학교(Karl-Marx-Schlule)'라 부르던 이 시범학교를 중심으로 해서 평소 구상해 오던 다양한 교육개혁적 시도를 실천해 볼 수 있는 기회를 가졌다(Radde, 1993).

카르젠의 교육개혁적 시도 중 한 가지 다룰 필요가 있는 것은 '담베크 종합학교(Gesamtschule am Dammweg)' 설립 계획이다. 타고난 친화력과 리더십, 그리고 매우 현실적인 경영 감각을 갖추고 있었던 카르젠은 그가 도모하던 대부분의 교육개혁적 시도를 실천으로 옮길 수 있었으나, 이 계획만은 그렇게 하지 못하였다. 이 종합학교 설립 계획은 사실상 새로운 교육적 모형을 담고 있다기보다는 외스트라이히 이후의 모든 통합교육운동가들이 가장 이상적인 형태로 꿈꾸어 오던 계열통합식 종합학교를 건축적 차원에서 온전히 실현시키기 위해 계획된 학교 모델이었다. 즉, 이는 특정 지역에 속한 모든 아동이 유치원부터 대학에 이르기까지 한 학교에 머물면서 그들의 개인적 성향 및 관심, 현실적 필요에 상응하는 모든 종류의 교육을 자유롭게 받을 수 있도록 기획된 거대 규모의 건물 콤플렉스 설계 계획이었던 것이다(Karsen, 1928).

이를 위해 카르젠은 당시 바우하우스 학교의 일원이었던 건축가 브루노 타우트(Bruno Taut)와 손잡고 담베크 지역 근처에 실내수영장 및 대형 스포츠 경기장, 체조 경기장, 그리고 농원까지 포함하여 최대 3,000명의 학생을 수용할 수 있는 어마어마한 규모의 학교를 설립하기 위한 설계도를 완성하여 베를린 시에 제출하였다. 이 대담한 계획은 결국 시로부터 학교 설립 허가를 받아내지 못함으로써 영원히 꿈으로 남게 되었으나, 그 계획에 담겨 있는 참신한 아이디어와 비전은 현재에 이르기까지 종합학교운동이나 종일학교운동에 참여하는 교육 이론가 및 실천가들에게 신선한 자극을 선사하고 있다.

## 6. 종합적 논의

이상의 다섯 가지 개혁교육학의 조류는 각각을 대변하는 교육이론가, 실천가들이 당시 교육현실이 안고 있던 문제에 대한 인식이나 그 문제를 해결하는 구체적인 방식 등에서 저마다 매우 다양한 전개 양상을 보여 주고 있는 것이 사실이다. 그럼에도 불구하고 그들이 극복하고자 하였던 교육현실 자체는 일정하게 공통된 기반을 가지고 있었다고 할 수 있다. 그것은 결국 앞의 3장에서 서술한 시대적 배경, 특히 문화비판이라 하겠다.

물론, 개혁교육학 내지는 개혁교육학운동의 범주에 속하는 매우 광범위한 운동들, 이론들을 모두 문화비판의 차원과 관련시켜 논의할 수는 없을 것이다. 다만, 3장에서 서술한 문화비판의 여러 핵심적인 경향성을 중심으로 하여 그러한 점이 개혁교육학에 속한 일련의 논의와 운동에서 어떻게 드러나고 있는지 논의하는 일은 가능할 것이다.

첫째, 자아의 극단적인 이상화 및 숭고화의 경향과 물질적인 차원이 아닌 정신적이며 상징적인 차원, 즉 문화의 차원에서 뭔가 변화를 일으키고자 하였던 경향은 개혁교육학 속에서, 특히 카리스마적인 '지도자'를 숭배하는 식의 태도에서 드러난다. 무엇보다 청소년운동의 차원에서 그러한 경향이 많이 나타나는 것을 볼 수 있다. 예컨대, 앞서 언급한 바 있는 철새라는 청소년 유랑집단은 소그룹을 구성하여 깊은 산과 숲 속으로 들어가 야영하며 공동체 정신을 다지곤 하였는데, 이때 그 공동체에서 가장 중요한 역할을 담당하는 리더는 야영생활이 지속되는 동안 구성원에게 거의 절대적인 지배력을 행사할 수 있었다.

이와 관련하여 각 개인에게도 '반쪽짜리 교양(Halbbildung)'을 지닌 나약한 지식인이 아니라 강한 의지력(Wille)을 지니고 있는 전인적인(ganzheitlich) 인간, 즉 진정한 의미에서의 '개성'을 지닌 인간형이 될 것을 요구하였다. 여기서 진정한 의미에서의 개성이라 함은 개인주의적 차원에서의 개체성이 아니라 어려운 상황에서도 정신적인 강인함으로 온갖 시련을 이겨 낼 수 있는, 다시 말해 위급한 상황에서 극단적인 '금욕(Askese)'까지도 불사할 수 있는 강인한 '인성(Persönlichkeit)'을 의미하는 것이다. 이 같은 강조 역시 청소년운동에서 주로 이루어졌으며, 비슷한 맥락에서 전원기숙사학교운동에서 거칠고 험악한 자연환경과 맞닥뜨려 강인한 정신을 키울 것을 촉구한 리이츠의 교육 프로그램에서도 엿볼 수 있다.

둘째, 개인의 '전체'에 대한 귀속성을 강조한 점과 그런 차원에서 자유를 반드시 '의무' 및 '책임'과 함께 다루도록 요구한 점은 개혁교육학운동의 흐름 중에서 전원기숙사학교운동과 통합학교운동 등을 포함한 모든 공동체적 성향의 이론과 실천 속에서 자주 발견할 수 있다. 어린이로부터의 교육학 부분에서 다룬 오토의 통합수업, 리이츠나 비네켄 등이 주도한 청소년운동이나 전원기숙사학교운동의 핵심적 인물, 그리고 외스트라이히, 카르젠 등과 같은 통합학교운동의 선구자들은 일정하게 전제되어 있는 교육적 차원에서의 '공동체(Gemeinschaft, Gemeinde)'를 거대한 규모의 유기체(Organismus)로 파악하고 있다. 그들은 마치 생물학적인 유기체 조직처럼 전체로서의 공동체에 속한 구성원 개개인이 서로 간에 혹은 전체 구조와의 관계에서 매우 긴밀하게 연결될 것을 요구하고 있다.

이때 그들이 상정하는 '교육공동체'는 자급자족적 형태를 띠며 일사불란하게 구조화되어 있어, 그 안에 속한 구성원은 엄격한 '질서' 속에서 그것을 어떤 강제가 아닌 '자유로움'으로 느낀다는 것이다. 즉, 이 경우의 공동체란 그에 속한 개개인이 지니는 욕구와 공동체적 차원에서 요구되는 전체에 대한 '의무'와 '책임'이 정확하게 일치되는 완벽한 상태를 의미한다.

이와 같은 경향성은 특히 당시의 '국민교육운동' 차원에서도 뚜렷하게 드러나고 있다. 정치 상황에 내포되어 있던 위기에 대한 대처방안으로 당시의 많은 지식인은 피히테의 저서 『독일 국민에게 고함(Die Rede an die deutsche Nation)』에 다시금 주목하기 시작하였으며, 그에 따라 '피히테 르네상스(FichteRenaissance)'라는 말이 등장할 정도로 민족적 차원에서 정기와 애국심을 매우 강조하는 움직임이 교육 분야에서 상당히 강하게 일었다. 앞에서 문화비판과 관련된 내용을 다루면서 「1914년의 이념들」에 대해 언급하였지만, 신칸트학파(Neukantianismus)의 대표적인 학자인 나토르프(Paul Natorp)는 피히테가 구성한 독특한 사회주의를 '사회주의적 이상주의(Sozialidealismus)'라고 칭하면서 독일 국민이 정신적인 차원에서 새로운 시대를 열어갈 것을 요청하였다(Pascher, 1997: 143-148). 그리고 독일 국민은 세계사적 차원에서 특별한 소명(Weltberuf)을 가지고 태어났으며, 그 소명을 지킴으로써 '진정한 자유(die echte Freiheit)'와 '진정한 평등(die echte Gleichheit)'이 지배하는 새로운 형태의 '진정한 질서(die wahre Ordnung)'를 실현시킬 수 있다는 것이다.

당시 개혁교육학의 범주에 속하는 교육 이론가 및 실천가들은 이러한 피히테의 국민교육이념과 더 나아가 「1914년의 이념들」과 같은 수구적 민족주의에 직·간접적인 영향을 받았다고 할 수 있다. 그러나 그들 중에서도 특히 청소년운동의 후반부에 속해 있던 비네켄과 통합학교운동의 대표적 인물이었던 외스트라이히에게서 이 같은 성향이 강하게 나타나고 있음을 알 수 있다.

셋째, 당시 문화비판에서 나타나는 '비합리성'에의 경도, '낭만주의적 경향' 등은 특히 개혁교육학에 속한 운동이 당시의 교육제도에 대해 비판하는 내용, 즉 학교비판의 차원에서 가장 뚜렷하게 나타난다. 그들은 무엇보다 기존의 학교가 '책 위주의 학교(Buchschule)'인 점, 교육 내용이 지나치게 주지주의적인 점(Verkopfung), 삶과 괴리된 '백과사전주의(Enzyklopädismus)'에 치우쳐 있는 점 등을 비판하고 있다. 즉, 당시의 교육이 지나치게 인간의 이성적이며 합리적인 측면, 다시 말해 니체의 '아폴론적인' 측면에 머물러 있는 점이 비판의 핵심이다. 이에 대한 대안으로 그들은 삶의 가장 진정하고 진실한 측면인 감성, 감정, 욕망 등의 비합리적인 차원이 강조되는 교육을 지향하였다.

또한 반합리주의(Anti-Rationalismus)의 차원에서 교육이 '예술'과 밀접하게 연결되어 이루어질 것을 요구하였는데, 이와 같은 경향은 예술교육운동에서 가장 뚜렷하게 나타났다. 예술교육운동의 가장 대표적인 인물인 구를리트나 리히트바르크 등에 의하면 인간은 '예술가'일 때에야 비로소 '전인(der ganze Mensch)'이 된다. 앞서 서술하였듯이, 바로 이와 같은 요구에 따라 리히트바르크는 함부르크의 미술관을 중심으로 박물관교육학을 전개하기 시작하였으며, 이를 통하여 교육과 예술, 일상적인 삶이 서로 깊게 침투하여 하나가 되는 교육활동을 꾀하였다.

이 외에도 당시 문화비판에 광범위하게 녹아 들어가 있는 비합리적 성향은 당시의 개혁교육학운동 중 상당수가 일정하게 종교적인 성격을 띠고 있는 점과 일치한다. 이 책에서는 다루지 않았으나, 특히 발도르프 교육학을 이끈 슈타이너(Rudolf Steiner)가 신지학(Theosophie)에 뿌리를 둔 인지학(Anthroposophie)을 구성한 점, 몬테소리의 교육학 속에서 기독교적인(특히, 가톨릭적인) 측면을 흔히 발견할 수 있는 점이 그 대표적인 예라고 할 수 있다.

넷째, 문화비판에 포함되어 있는 염세주의(Pessimismus)와 아포칼립스적인 경향성 또한 개혁교육학의 범위 속에서 흔히 발견된다. 물론, 개혁교육학은 엄연히 교육활동에 속하는 만큼 예술작품에서 흔히 나타나는 멜랑콜리한 성향이나 자기연민은 발견되지 않는다. 그러나 새로운 세계를 열고자 하는 미래지향적 비전이나 유토피아적 이상 등을 바탕으로 현실 문제에서 탈피하고자 하는 경향성은 거의 모든 개혁교육학운동의 흐름 속에서 발견된다.

특히, 독일 정신문화의 전통에서 발견되는 교육학적 이상향으로서 '교육의 성역(Die pädagogische Provinz)'을 이루고자 하는 시도는 전원기숙사학교운동에서 가장 뚜렷하게 나타난다. 또한 많은 개혁교육학운동 및 이론에서 교육을 통해 구원에 이르고자 하는 시도(Pädagogik als Erlösungswissen)가 발견된다.

그런 의미에서 어린이는 '새로운 교육'을 통해 세계를 구원하기 위한 메시아의 역할이 부여된 '새로운 인간'으로 거듭나야 하는 신성한 존재다. 바로 그런 맥락에서 엘렌 케이가 20세기를 '어린이의 세기'라고 부른 점을 상기해야 할 것이다. 앞서 다루었듯이 케이에게 어린이는 루소의 『에밀』에서 추구되는 '자연인' 으로서의 아동이 아니라 육체적, 정신적 측면에서 매우 우수하다고 여겼던 특정 인종에 속한 인간이라는 함의를 지니고 있다. 따라서 니체의 초인 개념에 가까운 성격을 띠고 있다고 할 수 있다. 이를 당시 교양시민계층이 극복하고자 하였던 위기 상황과 그로부터 도출된 문화비판의 내용과 관련시킨다면, 케이에게는 어린이라는 새롭게 등장하는 성장 세대야말로 당시의 위기를 극복하고 인류 전체를 이끌어야 할 책임을 안고 있는 초인적 존재인 것이다. 이와 유사한 맥락에서 청소년운동에서의 '청소년' 역시 케이의 어린이 개념과 같은 메시아주의적 경향성을 공유하고 있는 것으로 해석할 수 있다.

1933년 '국가사회주의', 즉 나치정권이 들어서고 바이마르 공화국 시대가 막을 내림으로써 학계에서 일반적으로 개혁교육학의 시대라고 지칭되던 시기는 강제적으로 마감하게 된다. 그러나 제2차세계대전이 끝나고 난 후 독일이 국가적으로 전 분야에 걸쳐 새롭게 체제를 정비하는 시기가 도래하였음에도 불구하고 개혁교육학의 이념과 실천적 프로그램은 재건된 교육제도에 적극적으로 도입되지 못한 채 기나긴 동면에 들어가게 된다.

이렇게 개혁교육학이 전후 나치정권이 물러났음에도 독일의 공교육 차원에서의 제도화에 큰 영향을 끼치지 못한 원인은 무엇보다 개혁교육학이 그 자체로서 가지고 있던 문제에 기인하고 있는 것으로 보인다. 일반적으로 독일 학계에서도 인정되고 있는 것처럼 개혁교육학은 지나칠 정도로 당시의 시대적 상황 및 시대정신에 강렬하게 포착되어 있어서, 현대에 이르도록 정치적·사상적 차원에서 옳은 것, 정의로운 것으로 받아들일 수 있을 만큼의 정당성 내지 설득력을 확보하지 못하였다는 평가를 받기 쉽다(Bast, 1996; Benner & Kemper 2001-7; Choi, 2004; Schonig, 1973; Schultheis, 1991).

오히려 당시의 개혁교육학이 보여 주었던 한계에 대항하는 움직임으로 이미 같은 시기에 '교육학운동(Pädagogische Bewegung)'이 일기 시작하였고, 바로 이와 같은 배경에서 '정신과학적, 해석학적 교육학', '경험주의적 교육학' 등의 논의가 가능할 수 있었다. 그런 의미에서 교육학운동은 당시 대중의 주목을 끌며 차츰 주류적 교육운동으로 지배적인 위치를 점해 가던 개혁교육학을 새로운 입장에서 다시금 극복하고자 하였던 대안이었다는 해석이 가능할 것이다.

# 제 5 장

# 개혁교육학의 오늘과 내일

## 1. 개혁교육학의 현대적 조명

1980년대 이후 독일에서 개혁교육학을 둘러싸고 이루어지는 논의에서 확인되는 가장 뚜렷한 특징은 그것이 단지 교육학이라는 학문을 전문적으로 연구하는 학자에 의해 이론적인 차원에서만 이루어지는 것이 아니라는 데 있다. 개혁교육학이라고 하는 주제에 학자보다 오히려 더 깊은 관심을 보이고 있는 이들은 실질적인 교육현장에서 교육현실의 문제를 몸소 체험하고 있는 교사나 새로운 교육의 미래를 꿈꾸는 교사 지망생, 혹은 다양한 차원에서 현재 독일의 교육제도를 비판하며 대안적 모델을 찾고 있는 교육운동가들이다.

여기서 다시 처음의 질문으로 돌아가 보자. '왜 현재 독일에서 개혁교육학의 르네상스가 도래하고 있는가?' 만약 현재 개혁교육학에 관심을 두고 있는 이들이 독일의 교육현실에 내재되어 있는 문제를 순수하게 교육학적 주제라는 관점에서만 바라보고 있다면 굳이 개혁교육학을 참고하지 않아도 될 것이다. 고대 그리스 시대 이후 2,500년을 훌쩍 넘어서는 동안 전개된 유구한 서구의 교육사상사 속에서 현대의 교육현실과 관련하여 의미와 중요성을 띨 만한 논의는 얼마든지 찾아낼 수 있을 것이다. 또한 개혁교육학을 사상사적인 측면에서만 보더라도 그것은 이미 오래전부터 존재해 온 고전적인 교육사상에 뿌리를 두고 있다. 그런 의미에서 개혁교육학의 대변자들은 교육이론의 차원에서는 그다지 새로운 면모를 보여 주고 있지 못하다. 그런데도 왜 현대의 독일 교육학계는 개혁교육학이라는 특수한 주제에 그처럼 깊은 관심을 보이고 있는가?

교육운동을 포함하여 한 사회 내에서 일어나는 모든 형태의 '운동'은 늘 그와 같은 사회적인 움직임이 일어나도록 할 만한 '동인(Beweggrund, Impuls)'을 배경으로 하게 마련이다. 이때의 동인은 일정하게 그 운동이 발생한 사회 자체가 자리하고 있는 공간적 차원, 그 사회를 구성하는 정치적, 경제적, 구조의 차원, 그리고 그 사회가 시간적으로 귀속되어 있는 시대적, 역사적 차원에서의 특수성에서 비롯되는 것이다. 또한 어떠한 형태건 사회적 차원에서 운동이 이루어지게 한 동인은 그 운동을 실제로 일으키는 특정한 사회적 집단, 즉 인간의 무리와 밀접하게 연관되어 있다. 이때 어떤 사회적 운동에서 핵심적인 역할을 하는 집단은 대부분 그 사회에서 가장 첨예하게 모순을 드러내는 문제의 중심부에 위치하면서 그 문제를 몸소 체험하며 고통을 받는 사람들이다. 그들은 일상생활에서 스스로 겪는 고통과 문제를 극복하기 위해 적극적으로 '행위(Handlung)'할 수밖에 없는 위치에 놓이게 마련이다. 결국, 그러한 과정을 거쳐서 특정한 사회적 운동이 발발하게 될 때, 그 운동에는 바로 운동의 주체가 된 이들의 채워지지 않은 욕구와 희망, 미래에 대한 비전 등이 녹아들어 있다.

이와 같은 맥락에서 볼 때, 개혁교육학과 관련하여 교육의 문제를 논하면서 즐겨 다루는 주제가 최근 독일의 교육현실 속에서 매우 현재적인 의미를 지니는 주제인 점에 주목해야 할 것이다(Böhm & Oelkers, 1999: 7). 이는 개혁교육학의 시대에 제기되었던 교육과 관련된 문제가 현재 독일의 교육현실에 그대로 계승된 측면이 있음을 시사하고 있기 때문이다.

이와 관련하여 제일 먼저 기억해야 할 것은 현재 독일을 비롯한 유럽의 교육학계에서 광범위하게 이루어지고 있는 교육개혁적 논의와 다양한 교육운동에 대해서도 개혁교육학의 경우와 비슷한 방식으로의 분석 및 해석이 가능할 것이라는 점이다. 즉, 현재 독일의 교육학계에서 이루어지고 있는 교육개혁 차원에서의 모든 운동 또한 그것을 가능하게 한 시대적이며 국가적인 특수성을 배후에 깔고 있을 것이다. 더 나아가 서구의 역사상 존재한 수많은 교육이론 중에서 특히 개혁교육학에 가장 큰 초점이 맞추어지는 점 또한 다시금 그러한 일을 가능하게 한 일련의 동인에서 비롯된 것이다. 결국, 개혁교육학이 근거하고 있는 시대 특수적이며 국가 특수적인 특성에는 어떠한 것이었는지, 즉 개혁교육학의 근본적인 동인이 과연 무엇이었는지를 가능한 한 정확하게 파악함으로써 무엇보다 현재 독일의 교육현실이 떠안고 가는 문제를 명료하게 이해할 수 있는 비판적인 시각을 획득하게 되는 것이다.

세계대전 이후 독일에서 교육개혁의 차원에서 이루어진 제도화, 혹은 대안적 교육운동에 대해 심층적으로 상세하게 분석해 나가기 위해서는 아마도 또 한 권의 책이 집필되어야 할 것이다. 그러나 이 책의 주제인 개혁교육학이 전후 독일의 구 동·서독 지역에서 이루어진 교육개혁의 움직임과 역사적, 이념적 차원에서 어떤 관련을 가지고 있는지에 대해서는 간략하게나마 살펴볼 필요가 있다.

1945년 제2차세계대전이 막을 내리면서 독일은 연합국에 의해 4등분되어 통치되었고, 이후 동서분단의 역사적 비극이 시작되었다. 전쟁의 폐허로 얼룩진 당시 독일의 동·서독 지역에서는 각각 새로운 이념적 정체성하에 대규모의 국가적인 교육개혁이 시도되었다(Kemper, 1990). 이때 동·서독에서의 교육개혁의 과정은 상당히 다른 양상으로 전개되었다. 서독에서는 미군정의 개입하에 정치·경제적 차원에서는 세계대전 이전의 파시즘적인 상태를 전면적으로 극복하는 방향으로 개혁이 적극적으로 이루어졌던 반면, 교육적 차원에서는 미군정의 '재교육(reeducation)'의 노력에도 불구하고 그 제도적 틀에서는 철저히 바이마르 공화국 시대 이전의 전통적 교육제도의 기본 틀인 종적(vertikal) 분류 구조로 복귀하는 방향으로 가닥이 잡혔다.

반면 동독 지역에서는 소비에트 연방의 지휘하에 유치원부터 대학에 이르기까지 하나의 통일된 구조 속에서 횡적 단계에 따라 상승하게 되는 통합학교의 틀이 갖추어졌다. 이후 1990년 통일이 이루어지기 전까지 약 50년의 기간 동안, 특히 구동독의 진영에서는 구조화된 교육제도의 틀이 크게 변동을 일으키지 않은 채 공교육제도로서의 자리를 확고하게 지키고 있었다.

다만, 구서독에서는 1970년대 초반부터 종적 구조로 삼지형

(dreigliedrig)을 이루고 있던 당시의 교육제도에 대한 비판이 거세게 일기 시작하였고, 그러한 비판으로부터 이 시기를 대변하기 위한 새로운 내용과 형식을 갖춘 교육개혁적 운동이 탄생하게 되었다.

이 시기의 교육운동은 크게 두 방향으로 전개되었다. 한 흐름은 '위로부터 아래로', 즉 국가 정책적 차원에서 상명하달식으로 시행된 교육개혁적 시도였으며, 다른 한 흐름은 '아래로부터 위로', 즉 민간 차원에서 뜻있는 교육 이론가 및 실천가들이 주도하는 가운데 크고 작은 교육운동의 형태로 전개되었던 개혁적 시도들이다. 여기서 전자는 1970년대 중반부터 1980년대에 이르기까지 독일의 몇몇 주에서 매우 강한 영향력을 발휘하면서 실천으로 옮긴 종합학교운동을 가리키는 것이며, 후자 역시 비슷한 시기에 시작되어 현 시점까지 이어지고 있는 다양한 내용과 형태의 교육적 실험을 포괄하고 있는 대안학교운동이다.

주지하다시피 종합학교운동은 당시 사회민주당(SPD)이 집권하고 있던 몇몇 주를 중심으로 활발하게 전개되어 이후 독일 전역에 상당히 많은 종합학교가 신설되긴 하였으나, 이 운동이 처음 의도하였던 것처럼 독일연방에 속한 모든 주의 교육제도를 대체할 수 있는 진정한 대안으로 관철될 수는 없었다. 결국, 이후 독일의 교육제도는 삼지형이 아닌 사지형, 혹은 다지형의 기이한 형태로 정착되면서 종합학교운동이 당초 지향하고 있던 교육 기회 균등의 이념이 제대로 달성되지 않은 것은 물론, 심지어 종전의 삼지형 구조에서 주요학교(Hauptschule)가 수행하던 본래의 교육적 순기능을 매우 약화시키는 결과를 낳게 되었다. 이와 같은 한계에 접하여 최근 또 하나의 교육개혁적 운동의 흐름으로 '종일학교운동(Ganztagsschulbewegung)'이 점점 힘을 얻고 있다(Ludwig, 2003: 25-41).

종합학교운동의 흐름에 동참해 왔던 학자들이 주도하는 가운데 전개되고 있는 종일학교운동은 종합학교운동이 좌절되면서 새로운 교육현실로 자리 잡은 사지형 내지 다지형 교육제도가 아직도 해결하지 못한 채 끌어안고 있는 교육 불평등의 문제를 해결하고자 하는 새로운 형태의 교육개혁적 시도라고 할 수 있다. 이 운동에 동참하고 있는 학자들에 따르면 현 독일의 교육제도는 오전 수업 위주로 편성되어 있어 학생들이 그들의 가정적, 환경적 배경, 즉 계급 차별적 상황에 오랜 시간 방치되어 있는 문제가 뒤따른다.

특히, 이와 같은 문제는 최근 OECD 국가의 중등 과정 학생을 대상으로 실시한 PISA에서 독일의 학생들이 상대적으로 낮은 성취도를 보이게 된 원인과도 절대 무관하지 않다고 판단된다. 독일의 학생들은 타 국가의 경우와 비교할 때, 특히 가정 배경과 성취도 면에서 매우 높은 상관관계를 보이고 있는 것으로 나타나고 있기 때문이다(Die Zeit, 2002). 이러한 교육 기회 불균등의 문제를 해결하기 위해 국가 차원에서 학생의 가정적 배경으로부터 비롯되는 학습 결손을 해결하기 위한 제도적 장치의 필요성이 시급하게 제기되는데, 바로 이와 같은 요구에 가장 적절하게 부응하는 제도가 종일학교 형태라는 것이다. 즉, 현 제도의 정규 수업 시간을 늦은 오후까지로 연장함으로써 학생들이 학교에 머물면서 교사와 함께 있는 시간을 충분히 확보할 수 있고, 그 결과 부모가 미처 제공하지 못하는 교육적 자극과 지원을 학교에서 얻게 되는 것이다.

이 시기의 교육개혁적 시도의 두 번째 유형인 구서독에서의 대안학교운동은 이른바 '68세대'의 네오마르크시즘 계열에 속해 있는 교육 이론가 및 실천가들을 주축으로 하여 전개되었다. 그들은 다양한 형태의 실험학교를 설립하면서 당시 교육개혁적 모범의 주류를 이루었고, 오늘날까지도 교육계 일반에 상당한 영향력을 미치고 있다. 이와 같은 흐름에 속하는 대안학교 내지 대안교육의 예로는 폰 헨티히(Hartmut von Hentig)가 주축이 된 '빌레펠드의 실험학교(Bielefelder Laborschule)', 베너와 켐퍼가 적극적으로 참여한 가운데 시작된 '뮌스터-기벤베크 초등학교 프로젝트(Grundschulprojekt Münster-Gievenbeck)', 프랑크푸르트 학파의 제3세대에 속하는 네크트(Oskar Negt)가 주도한 하노버 시의 '글로크제 학교(Glocksee-Schule)', 그리고 '비권위주의적 교육', '반교육학'의 경향 등을 들 수 있다(Kemper, 1991: 9).

이들은 종합학교운동이 '평등' 이념에 주력하고 있는 것과는 별개로 당시의 제도교육이 획일화·대규모화되어 있어 개개 학생의 인격과 개성, 흥미와 관심, 고민을 모두 고려할 수 없으며, 지나치게 일반적인 교육 내용을 교사 주도하에 일방적으로 학생에게 전달함으로써 학생의 실제 삶과 심각할 만큼 유리되어 있다는 문제점을 비판하였다. 그리하여 그에 대한 대안적 이념으로 '자율(Selbstregulierung)', '두려움과 강제가 없는 학습(Lernen ohne Angst und Zwang)', '실천적 학습(praktisches Lernen)', '삶에 가까운 교육(lebensnahe Erziehung)', '경험을 통한 학습(Lernen durch Erfahrung)', '열린 수업 계획(offene Unterrichtsplanung)', '사회를 향한 학교의 개방(Öffnung der Schule)' 등을 들고 있다. 이와 같은 대안학교운동은 실제적인 시행 과정 중에 적지 않은 시행착오를

겪기도 했지만,[1] 오늘날에 이르러 각기 다른 교육 목적과 이론, 실천의 형태를 대변하는 다양한 형태의 사립학교 설립을 가능하게 한 원동력이 되었다고 할 수 있다.

덧붙여 개혁교육학 시대에 이루어진 교육운동 중 현재에 이르기까지 거의 당시의 모습 그대로 원형이 보존되는 가운데 잘 운영되고 있는 또 하나의 예로 전원기숙사학교운동을 들 수 있다. 이 운동은 한편으로는 '헤르만-리이츠 학교'로, 다른 한편으로는 '전원기숙사학교'의 형태로 독일의 학교교육에서 현재에 이르기까지 뚜렷한 자취를 남기고 있다.

먼저, 후자에 대해서 짧게 언급하면, '전원기숙사학교'는 현재 독일에서 정규학교를 다니는 학생들이 특정 기간 함께 묵으며 공동생활을 하도록 하는 교육 프로그램으로서 개혁교육학운동 중 청소년운동이 미친 영향의 흔적으로 남아 있는 부분이라고 할 수 있다.

전자의 '헤르만-리이츠 학교'는 1901년 리이츠가 독일 튀링겐 주의 숲 한가운데에 위치한 하우빈다에 세운 학교를 전신으로 하는 현대판 전원기숙사학교다. 그가 처음 하우빈다에 학교를 세웠던 1901년부터 100년 이상의 세월이 흐른 지금, 초등 과정과 중등 과정의 주요학교와 실과학교를 포괄하고 있는 하우빈

1) 이와 관련하여 켐퍼는 하노버의 글로크제 학교에서 실시되었던 교육의 실제가 당초 의도하였던 교육목적을 제대로 달성하지 못하였던 실례를 제시하고 있다. 그는 이 학교에서 실시된 몇 가지 프로젝트가 지나치게 아동의 '흥미' 위주로 구성된 나머지, 원래의 계획과는 다른 엉뚱한 방향으로 흘러가 버림으로써 '아동의 자율성'이라는 이념이 일종의 또 다른 형태의 이데올로기로 변질될 수 있는 가능성이 있음을 지적하고 있다.

다의 학교, 그리고 그곳에서 그리 멀지 않은 헤센 지방의 도시 풀다(Fulda) 근처에 위치하는 호헨베르다(Hohenwehrda) 성의 중등학교, 비버슈타인 성의 김나지움 등은 100년 전의 모습을 그대로 간직한 채 설립하였을 당시의 교육이념과 실천을 대부분 계승하며, 매우 성공적으로 운영되고 있다.

이처럼 애초에 세 개의 학교로 나뉘었던 리이츠의 전원기숙사학교는 이제 '헤르만-리이츠 학교'라는 이름하에 서로 긴밀하게 연계되어 통합적으로 운영되고 있다. 한 세기라는 기나긴 시간을 거쳐오면서 독일이 겪어 온 역사의 부침과 더불어, 이 학교는 여러 가지 우여곡절을 겪어야 했다. 독일이 나치 시대에 들어서면서 전원기숙사학교는 여타 개혁교육학운동의 주요학교와는 달리 다행히도 폐교되는 운명에 처하지는 않았다. 하지만 현실 세계에서 상당히 분리되어 운영되는 이 학교의 특성에도 불구하고 정치적인 변혁으로부터 완전히 자유로울 수는 없었다 (Verein der Freunde und Förderer der Hermann-Lietz-Schule, 2001). 게다가 제2차세계대전 이후 독일이 동서로 나뉘어 지리적으로 튀링겐 지방이 동독에 속하게 되면서, 리이츠 학교는 독일이 통일될 때까지 그 특유의 교육이념과 운영방식이 아닌 당시 동독이 표방하던 사회주의적 교육체제의 이념에 따라 재편된 기숙사학교로 탈바꿈하게 되었다. 그러다가 독일이 통일되면서 동독의 정치·경제 체제가 파산 지경에 이르게 되어 리이츠 학교는 거의 폐교될 위기에 처하게 된다. 바로 이 시기에 리이츠 학교를 다시 이전의 모습으로 재건하기 위해 발 벗고 나선 후원자들이 있었는데, 그들은 바로 리이츠 학교에 다녔던 동문들이었다.

흔히 '리이츠주의자(Lietzer)', '하우빈다 사람(Haubindaner)' 이

라고 자칭하곤 하였던 이들 동문들은 '헤르만-리이츠 후원회(Hermann-Lietz-Stiftung)'를 결성하여 헤르만-리이츠 학교 고유의 형태를 부활시켰다. 특히, 그들은 리이츠 학교를 재건하면서 처음 설립 당시의 교육이념과 운영방식을 가능한 한 그대로 재현하기 위해 근처 밤베르크 대학 교육학부의 하임(Dieter Heim) 교수와 그의 연구팀과 긴밀하게 협력하는 가운데 일을 진행시켰다. 이후 이 협력관계는 오늘날까지도 유지되고 있다.

이렇듯 세계대전 이후 현대 독일의 교육현실에서 나타나고 있는 교육개혁의 시도들을 살펴보면, 한편으로는 개혁교육학운동과 역사적으로 매우 밀접하게 연결되어 있어서 계승된 부분이 매우 명확하다는 점을 확인하게 된다. 특히, 종합학교운동과 전원기숙사학교운동의 경우 이러한 점이 매우 뚜렷하게 드러난다고 하겠다.[2] 반면 네오마르크시즘 계열에 속해 있는 현대의 대안학교 운동은 그 범위 내에서 즐겨 사용하는 개념이나 구호 등이 개혁교육학과 매우 유사하게 보이면서도, 그것이 내용적인 차원에서 드러내고자 하는 의미는 개혁교육학의 그것과 완전히 구별되는 것이었다.

현대 독일에서 전개되고 있는 교육개혁에서 지향하고 있는 '개혁(Reform)'은 사실상 근대성의 개념과 밀접하게 연관되어 있으며, 다음과 같은 전제에서 비롯된다.

---

2) 물론 종합학교운동의 경우, 당시 이론적인 배경을 찾던 교육학자들이 이전 시대의 개혁교육학보다는 미국, 영국, 스웨덴 등지에서 실시되던 comprehensive school(영국)이나 high school(미국)의 프로그램으로부터 더 많은 영감을 받았다는 사실을 기억해야 할 것이다.

첫째, 인간은 '자기결정성(Selbstbestimmung)' 내지는 '자율성(Autonomie)'을 지닌 의식이 늘 깨어 있는 자유로운 존재로서 매우 윤리적이며 도덕적이다. 즉, 칸트의 '정언명령(Kategorischer Imperativ)'에서 보듯이 인간은 가장 일반적인 도덕률에 따라 스스로의 행위를 가늠할 수 있는 합리적인 존재라는 것이다.

둘째, 인간이라면 누구나 지니고 있는 생득적인 능력으로 '이성 능력(Vernunft)'을 상정함으로써 계몽사상은 인간을 매우 추상적이며 보편적인 차원에서 개념화하고 있다. 이에 따라 프랑스대혁명의 이념인 자유, 평등, 박애는 그 어떤 계급과 문화, 민족, 인종, 성별 등에서의 차이까지 포괄하는 매우 이상적인 의미를 담고 있다.

셋째, 계몽사상은 일관되게 '진보(Fortschritt)'에 대한 신념을 지니고 있다. 즉, 사회는 역사의 발전에 따라 늘 보다 나은 상황으로 전진해 나간다는 것이다. 현대 독일에서 운영되고 있는 대안학교에서 추구되는 교육개혁이란 겉으로 드러내지 않아도 암묵적으로는 앞에 제시한 근대성과 관련된 세 가지 기본적인 전제에 따라 진행되는 것이다. 바꿔 말하면, 그들에게 교육개혁이란 이성적이고 합리적이며 도덕적인 인간이 인간 모두에게 해당되는 자유민주주의의 정신인 자유, 평등, 박애의 이념을 이 땅에 실현시키기 위해 의식적으로 변화를 시도하는 가운데 이루어지는 것이며, 그와 같은 변화는 반드시 이루어진다는 신념을 전제로 깔고 있다는 것이다. 이런 신념에는 다시금 역사는 늘 더 나은 방향으로 진보한다는 진보적 역사관이 전제되어 있다.

반면 세기의 전환기의 개혁교육학에서 나타나는 이념이나 가치는 그것의 용어 사용에 있어서 현재의 교육개혁과 매우 비슷한 양상을 띨지 모르지만 그 내용에서는 판이하게 다른 의미를 내포하고 있는 경우가 많다. 예컨대, 양쪽 모두에서 '자유(Freiheit)'라는 용어를 사용하더라도 개혁교육학—문화비판이 그 배후에 깔려 있는—속에서 나타나는 자유는 철저히 공동체적 차원에서 일정하게 '질서'와 '의무', '책임'의 개념이 함께 고려되어야 하는 독특한 의미의 자유다. 또한 '삶(Leben)', 혹은 '삶에 근접한 교육(die lebensnahe Erziehung)'이라는 표현에 있어서도 현대의 대안교육운동에서의 삶은 '실제적인 생활'의 차원에서 실용성을 강조하는 의미로 쓰이는 말이라면, 개혁교육학의 범위 속에서는 같은 개념을 무엇보다 니체 철학과의 관련성 속에서 파악해야 한다. 앞서도 서술하였듯이 니체에게 '삶'이란 인간에게 내재하는 '비합리적'인 세계, 즉 디오니소스적인 측면과 밀접하게 연관되는 것이며, 선악의 관념을 넘어서는 원초적이며 근원적인 것이었다.

결국, 개혁교육학의 현대와의 관련성을 찾는 데서 가장 주의해야 할 점은 이 대상에 결코 탈맥락적인 자세로 접근해서는 안 된다는 점이다. 늘 '비판적'이며 '자아성찰적'으로, 그리고 '해석학적'인 시각에서 해당 시대와의 관련성이 철저히 고려된 가운데 다루어야 할 필요성이 다시금 강조되어야 할 것이다.

## 2. 한국의 대안교육 및 대안학교운동에 주는 시사점

앞서 다룬 내용을 통해 부족하나마 지난 세기의 전환기에 독일을 중심으로 전개된 개혁교육학이 어떠한 시대적, 국가적 특수성을 배경으로 하고 있는지, 그럼으로써 교육운동으로써 어떤 한계점과 문제를 불가피하게 떠안게 되었는지에 대해 밝혀졌다고 볼 수 있다. 이와 같은 내용을 1990년대 이후 한국에서 전개된 대안교육 및 대안학교운동과 연결시켜 논의할 때, 우리는 독일의 개혁교육학으로부터 다음과 같은 관련성 및 시사점을 얻을 수 있다.

먼저, 우리는 개혁교육학의 다양한 흐름에 대해서 다루면서, 독일에서 약 100년 전에 발생·전개되었던 개혁교육학운동의 교육이념이나 개념, 교육 프로그램이 현재 한국의 대안교육, 대안학교운동 속에서 강조되는 구호나 실험의 기본적인 방향성에서 유사한 부분이 놀라우리만치 많이 발견됨을 확인하게 된다. 예컨대, 인간에 대한 균형적인 파악, 즉 인간을 지성적 존재로만이 아니라 지성과 감성 모두를 갖춘 전인적 존재로 파악하고자 하는 점, 아동 및 청소년의 권리와 개별적 인격에 대한 권리를 인정하며 그 가치를 존중할 것을 강조하는 점, 개인의 공동체에 대한 유기적 귀속성이 가지는 의미와 교육환경으로서 자연과의 긴밀한 접촉의 중요성에 대해 언급하는 점, 교육활동에서의 노작, 예술 창작의 의미와 중요성에 대한 강조 등 개혁교육학과 한국의 대안교육, 대안학교운동에서 드러나는 공통점은 그 세부적인 내용을 일일이 나열하기 힘들 정도다.

이렇듯 그 시대적, 공간적 차이에도 불구하고 두 경우에서 공통점이 많이 발견된다는 점에서 우리는 여러 가지 의미를 발견할 수 있다.

첫째, 한국에서의 대안교육, 대안학교운동이 독일의 개혁교육학으로부터 특정한 이론이나 개념, 프로그램을 정확하게 그 출처를 밝히며 차용하지 않았더라도, 그 어떤 경로를 통해서든 개혁교육학으로부터 직·간접적인 영향을 받았음을 알 수 있다. 독일에서 개혁교육학이 교육운동의 형태로 활발하게 전개되는 과정에서 국제적인 교류가 매우 활발하였던 것은 주지의 사실이며, 이후 100년이라는 세월이 흐르는 동안 그 뿌리와 과정이 불투명한 상태로 우리에게까지 전해져 왔음을 추측할 수 있다. 이와 같은 점에 따를 때 개혁교육학과 우리의 대안교육·학교운동에 대한 비교연구를 통해서, 우리가 현재 시행 중인 대안적 교육개혁의 이념적 차원의 뿌리를 밝혀낼 수 있을 것이라는 점을 재차 확인하게 된다.

둘째, 이처럼 독일에서든 한국에서든 100년 전에 시도되었던 교육개혁적 이념이 현재에도 계속 유효한 교육적 이상으로 추구되고 있다는 점에서, 교육 분야의 진보적 역사관의 차원에서는 적어도 근대에서 현대로 넘어가는 전환기를 아직 벗어나지 못한 상태라는 점을 확인할 수 있다. 그러나 니체의 영원회귀 사상에서 보는 바처럼 우리의 삶을 끝없는 반복의 연속으로 파악한다면, 우리는 앞으로 100년이 지난 후에도 현재 우리가 대안교육의 차원에서 외치는 것과 같은 구호를 변함없이 외치게 될 것이라는 해석도 가능하다. 이 두 가능성 중 어느 쪽이 더 옳은 것인가 하는 질문에 대한 답을 위해서는 철학적, 역사적 차원에서의 심오한 연구가 앞으로 이루어질 필요가 있다.

이와 더불어 개혁교육학과 한국의 대안교육, 대안학교운동 간에 존재하는 차별성에 주의를 기울일 때 다음과 같은 시사점을 도출할 수 있다.

첫째, 우리가 현재 그러하듯이 100년 전 독일에서 이루었던 개혁교육학에서도 교육적인 개혁이 시도되었던 그 전제 조건으로서 해당 시기의 동시대인의 대다수가 공통적인 문제점으로 지적하였던 교육현실이 존재하였음을 기억해야 한다. 이때 각 시기에서 첨예하게 인식된 교육 문제는 그와 같은 문제가 발생하도록 한 더 넓고 깊은 맥락, 즉 당시의 정치적, 경제적, 역사적, 문화적 차원에서의 배경이 토대로 작용하였음을 알 수 있다.

이와 같은 맥락에서 개혁교육학은 당시 세기의 전환기를 지배하였던 위기 상황, 그에 대한 교양시민계층의 반응 및 그 결과물로서 널리 확산었던 문화비판과의 긴밀한 관련성 속에서 파악되어야 함은 앞서 서술한 바와 같다. 이처럼 한국에서의 대안교육, 대안학교운동에 대한 반성적 고찰이 이루어지기 위해서는 그 운동의 발생 배경에 대한 폭넓고 깊은 연구는 물론 운동의 주체적 집단의 성격에 대한 연구 등이 동반되어야 함을 알 수 있다.

둘째, 우리는 독일의 개혁교육학이 당시 사회적 차원에서 교육운동을 통해서 사회 전반의 문제를 해결하려고 하였던 점에서 사실상 순수한 교육개혁적 시도가 아니었다는 점을 상기해야 한다. 결국, 개혁교육학은 그 배후, 즉 경제 · 정치적인 차원에서 작용하였던 강력한 요구들이 교육이라는 매개체를 통해 간접적으로 표출되었을 뿐이었다. 그러므로 한국에서의 대안교육, 대안학교운동 역시 표면적으로 외치는 구호의 이면에 숨겨진 본질적인 차원의 동기가 있는 것은 아닌지 심각하게 반성하는 자세로 철저한 연구가 시행되어야 할 필요가 있다.

# 참고문헌

강대중(2002). 대안학교는 학교가 아니다. 서울: 박영출판사.

기독교학교교육연구소(2007). 기독교 대안학교 가이드. 서울: 예영커뮤니케이션.

대통령 자문 교육혁신위원회(2007). 학습 사회 실현을 위한 미래 교육비전과 전략.

민들레 편집부 엮음(2006a). 대안학교 길라잡이 (초등편). 서울: 민들레.

민들레 편집부 엮음(2006b). 대안학교 길라잡이 (중등편). 서울: 민들레.

박명석(2001). 세계화와 동 · 서양 문화 간 커뮤니케이션. 서울: 태학사.

보리 편집부 엮음(1997). 작은 학교가 아름답다. 서울: 보리.

사회와 철학연구회(2001). 세계화와 자아정체성. 서울: 이학사.

송순재(2000). 유럽의 아름다운 학교와 교육개혁운동. 서울: 내일을 여는 책.

아름다운학교운동본부(2005). 아름다운 학교가 대안입니다. 서울: 도서출판 대안.

이선숙(2001). 대안학교와 학생들의 생활이야기. 파주: 교육과학사.

이종태(2001). 대안교육과 대안학교. 서울: 민들레.

이한(2000). 탈학교의 상상력. 서울: 삼인.

오인탁, 양은주, 황성원, 최재정, 박용석, 윤재홍(2006). 새로운 학교교육문화운동: 대안교육의 뿌리를 찾아서. 서울: 학지사.

전교조 참교육 실천위원회(2000). 학교붕괴. 서울: 푸른나무.

정기섭(1998). 개혁교육학의 핵심사상과 루소. 교육철학, 20(1), 168-180.

정기섭(2007). 전원기숙사학교: 독일의 대안학교. 서울: 문음사.

정영수(2000). 독일의 학교교육 개혁운동에 관한 연구. 한독교육학연구, 5(1), 39-62.

천희완 외(2001). 아름다운 교육실천 사회참여 체험교육. 서울: 우리교육.

최재정(2001). 캄페(Joachim Heinrich Campe)의 박애주의 교육사상에 나타난 '교육'과 '정치'의 관계. 한독교육학연구, 6(2), 95-121.

최재정(2002a). 20세기 초 독일에서의 '개혁교육운동'과 '문화비판'. 교육철학, 28(2), 229-248.

최재정(2002b). 개혁교육학. 연세대학교 교육철학연구회 편. 위대한 교육사상가들 V. 파주: 교육과학사.

최재정(2003a). 니클라스 루만의 '체계이론'과 그 교육학적 수용의 문제. 교육철학, 29(1), 165-196.

최재정(2003b). 20세기 초 '개혁교육학 운동'의 성립과 전개-'전원기숙사학교운동'을 중심으로. 연세교육연구, 16(1), 79-104.

최종인(1998). 개혁교육학과 아동으로부터의 교육. 한독교육학연구, 3(1), 247-258.

한준상(1994). 한국교육개혁론. 서울: 학지사.

한준상(2005). 국가과외. 서울: 학지사.

홍순명(1998). 풀무학교 이야기. 서울: 내일을 여는 책.

Albert, H. (1925). *Aus dem Leben der Berthdol-Otto-Schule*. Berlin.

Appel, S., Ludwig, H., Rother, U. & Rutz, G. (Hrsg) (2003). *Jahrbuch. Ganztagsschule*. Neue Chancen für die Bildung.

Schwalbach/Ts..

Aries, Ph. 지음. 문지영 옮김 (2003). 아동의 탄생. 서울: 새물결.

Baumann, P. (1962). *Berthold Otto, der Mann-die Zeit-das Werk-das Vermächtnis.* Berlin.

Bast, R. (1996). *Kulturkritik und Erziehung. Anspruch und Grenzen der Reformpädagogik.* Dortmund.

Benner, D. (1987). *Allgemeine Pädagogik. Eine systematisch-problemgeschichtliche Einführung in die Grundstruktur pädagogischen Denkens und Handelns.* Weinhim/München.

Benner, D. (1994). *Studien zur Theorie der Erziehungswissenschaft. Pädagogik als Wissenschaft, Handlungstheorie und Reformpraxis. Bd. 1.* Weinheim/München.

Benner, D. & Kemper, H. (2001-2007). *Theorie und Geschichte der Reformpädagogik. Teil I-III.* Weinheim/Basel.

Berg, H. Ch. (1990). Bilanz und Perspektiven der Reformpädagogik. Vorschlag zum Neuansatz eines Forschungsschwerpunktes 'Reformpädagogische und alternative Schulen in Europa'. In: *Z.f.Päd.* 36 Jg. 6, S. 879-892.

Best, O. (Hrsg.) (1994). *Theorie des Expressionismus.* Stuttgart.

Blüher, H. (1912). Geschichte des Wandervogels. In: Kindt, W. (Hrsg.) (1963). *Grundschriften der Jugendbewegurg.* Düsseldorf/Köln.

Böhm, W. (1973). *Kulturpolitik und Pädagogik Paul Oestreichs.* Bad Heilbrunn/Obb..

Böhm, W. & Oelkers, J. (Hrsg.) (1999). *Reformpädagogik kontrovers.* Würzburg.

Borst, E. (2001). *Reformpädagogik.* In: A. Bernhard, & L. Rothermel. *Handbuch. Kritische Pädagogik.* Weinheim/Basel,

S. 291-301.

Bracher, K. (Hrsg.) (1988). *Die Weimarer Republik 1919~1933. Politik-Wirtschaft-Gesellschaft*. Bonn.

Braunmühl, E. v. (1975). *Antipädagogik. Studien zur Abschaffung der Erziehung*. Weinheim/Basel.

Choi, J.-J. (2004). *Reformpädagogik als Utopie. Der Einheitsschulgedanke bei Paul Oestreich und Fritz Karsen*. Münster/Berlin/Hamburg/London/Wien.

Claßen, J. (Hrsg.) (1973). *Antiautortäre Erziehung in der wissenschaftlichen Diskussion*. Heidelberg.

Condorcet. (1966). *Bericht und Entwurf einer Verordnung über die allgemeine Organisation des öfentlichen Unterrichtswesens*. Eingeleitet von Schepp, H. H..

Conze, W. & Kocka, J. (Hrsg.) (1985). *Bildungsbürgertum im 19. Jahrhundert Teil Ⅰ*. Stuttgart.

Dietrich, Th. (1973). *Die pädagogische Bewegung 'vom Kinde aus'*. Bad Heilbrunn/Obb..

Die Zeit. (2002). *Zeitdokument. Schock für die Schule. Die Pisa-Studie und ihre Folgen*. Mrz.

Eichelberger, H. (Hrsg.) (1997). *Lebendige Reformpädagogik*. Innsbruck/Wien.

Ellerbrock, W. (1992). *Paul Oestreich. Porträt eines politischen Pädagogen*. München.

Fend, H. (1982). *Gesamtschule im Vergleich. Bilanz der Ergebnisse des Gesamtschulversuchs*. Weinheim/Basel.

Fertig, L. (1977). *Campes politische Erziehung. Eine Einührung in die Pädagogik der Aufklärung*. Darmstadt.

Flitner, A. (1996). *Reform der Erziehung. Impulse des 20.*

*Jahrhundert.* München/Zürich.

Foucault, M. 지음. 오생근 옮김 (1994). 감시와 처벌. 파주: 나남출판.

Frenzel, I. (1995). *Friedrich Nietzsche. Mit Selbstzeugnissen und Bilddokumenten,* dargestellt von Ivo Frenzel. Reinbek bei Hamburg.

Friedeburg, L. v. (1992) *Bildungsreform in Deutschland. Geschichte und gesellschaftlicher Widerspruch.* Frankfurt a.M..

Füllberth, G., & Harrer, J. (1973). *Die deutsche Sozialdemokratie 1890~1933.*

Geissler, E. E. (1964). *Der Gedanke der Jugend bei Gustav Wyneken.* Frankfurt a.M./Berlin/Bonn.

Goldschmidt, D. u.a. (Hrsg.) (1979). *Alternative Schulen? Gestalt und Funktion nichtstaatlicher Schulen im Rahmen öffentlicher Bildungssystme.* Stuttgart.

Hagenmaier, Th. u.a. (1964). *Neue Aspekte der Reformpädagogik. Studien zur Anthropologie und Pädagogik bei Kerschensteiner, Dewey und Montessori.* Mit einer Einführung von O. F. Bollnow. Heidelberg.

Hentig, H. v. (1993). *Die Schule neu denken.* München/Wien.

Herrmann, U. (Hrsg.) (1987). *Neue Erziehung. Neue Menschen. Ansätze zur Erziehungs- und Bildungsreform in Deutschland zwischen Kaiserreich und Diktatur.* Weinehim/Basel.

Heydorn, H.-J. & Konneffke, G. (1973). *Zur Bildungsgeschichte des deutschen Imperialismus.* Glashütte im Taunus.

Holstiege, H. (1986). *Maria Montessori und die reformpädagogische Bewegung.* Basel/Wien.

Karsen, F. (1921). *Die Schule der werderden Gesellschaft.* Berlin.

Karsen, F. (1928). *Die Dammwegschule Neukölln.* Berlin.

Keim, W. (1986). Verfolgte Pädagogen und verdrängte Reformpädagogik. In: *Z.f.Päd.*, 32. Jg., Nr. 3, S. 345-460.

Kemper, H. (1990). *Schule und bürgerliche Gesellschaft. Zur Theorie und Geschichte der Schulreform von der Aufklärung bis zur Gegenwart.* Teil I, II. Weinheim.

Kemper, H. (1991). *Wie alternativ sind alternative Schulen? Theorie, Geschichte und Praxis.* Weinheim.

Key, E. (1991). *Das Jahrhundert des Kindes.* Weinheim/Basel.

Kindt, W. (Hrsg.) (1963). *Grundschriften der deutschen Jugendbewegung.* Düsseldorf/Köln.

Klafki, W. (1968). Integrierte Gesamtschule. Ein notwendiger Schulversuch. In: *Z.f.Päd.*, 14. Jg., Nr. 6.

Koerrenz, R. (2004). *Reformpädagogik. Studien zur Erziehungsphilosophie.* Jena.

Kolb, E. (Hrsg.) (1972). *Vom Kaiserreich zur Weimarer Republik.* Köln.

Kolb, E. (1988). *Die Weimarer Republik.* München.

Kühn, A. D. (1995). *Alexander S. Niell,* dargestellt von Axel D. Kühn. Reinbek bei Hamburg.

Kupffer, H. (1970). *Gustav Wyneken.* Stuttgart.

Langbehn, J. (1925). *Rembrandt als Erzieher. Von einem Deutschen.* Leipzig.

Lenzen, D. (Hrsg.) (1994). *Pädagogische Grundbegriffe.* Reinbek bei Hamburg.

Lepenies, W. (1972). *Melancholie und Gesellschaft.* Frankfurt a.M..

Levin, E. 지음. 서울시대안교육센터 옮김 (2004). **학교를 넘어선 학교.** 서울: 민들레.

Leyser, J. (1977). *Joachim Heinrich Campe. Ein Lebensbild aus dem*

*Zeitalter der Aufklärung. Bd. I.* Braunschweig.

Lichtwark, A. (1917). *Übungen in der Betrachtung von Kunstwerken.* In: Alfred Lichtwark. *Eine Auswahl seiner Schriften.* Besorgt von Mannhardt, W. Bd. I. Berlin.

Lietz, H. (1906). *Deutsche Landerziehungsheime in Schloss Bieberstein i. d. Rhön, Haubinda i. Thüringen, Ilsenburg i. Harz, Gaienhofen a. Bodensee und Sieversdorf b. Bukow.* Leipzig.

Lietz, H. (1970). *Schulreform durch Neugründung. Ausgewählte Pädagogische Schriften,* besorgt von Rudolf Lassahn. Paderborn.

Lötze, C. (1890) *Joachim Heinrich Campe als Pädagoge. Ein Beitrag zur Geschichte der Pädagogik im Zeitalter der Aufklärung.* Diss. Leipzig.

Ludwig, H. (2003). Moderne Ganztagsschule als Leitmodell von Schulreform im 20. Jahrhundert. Historische Entwicklung und reformpädagogische Ursprünge der heutigen Ganztagsschule. In: S. u.a. Appel (Hrsg.) *Jahrbuch. Ganztagsschule. Neue Chancen für die Bildung.* Schwalbach/Ts., S. 25-41.

Lübbe, H. (1963). *Politische Philosophie in Deutschland.* München.

Mann, G. (1964). *Deutsche Geschichte des 20. Jahrhunderts.* Frankfurt a.M./Wien/Zürich.

Masterhoff, R. (1981). *Antiautoritäre Erziehung.* Darmstadt.

Meissner, E. (1965). *Asketische Erziehung. Hermann Lietz und seine Pädagogik.* Weinheim.

Mohler, A. (1950). *Die konservative Revolution in Deutschland 1918~1933.* Stuttgart.

Nave, K. H. (1961). *Die Allgemeine Deutsche Grundschule. Ihre*

*Entstehung aus der Novemberrevolution von 1918.* Weinheim.

Neuner, I. (1980). *Der Bund entschiedener Schulreformer 1919~1933.* Bad Heilbrunn/Obb..

Nietzsche, F. (1970). *Nietzsche Werke.* Kritische Gesamtausgabe. Walter de Gruyter Verlag.

Nietzsche, F. (1981). *Die Geburt der Tragödie aus dem Geiste der Musik.* Hrsg. von I. Frenzel. München.

Nohl, H. (1949). *Die pädagogische Bewegung in Deutschland und ihre Theorie.* Frankfurt a.M..

Oelkers, J. (1989). *Reformpädagogik. Eine kritische Dogmengeschichte.* Weinheim/München.

Oestreich, P. (1923a). *Die Schule zur Volkskultur. Teil. I.* München/Leipzig.

Oestreich, P. (1923b). *Die elaszitische Einheitsschule. Lebens- und Produktionsschule.* Berlin.

Otto, B. (1926). *Volksorganisches Denken.* Berlin-Lichterfelde.

Otto, B. (1928). *Der Lehrgang der Zukunftsschule.* Berlin-Lichterfelde.

Pascher, M. (1997). *Einführung in den Neukantianismus. Kontext-GrundpositionenPraktische Philosophie.* München.

Peukert, d. Z. K. (1987). *Die Weimarer Repulik.* Frankfurt. a.M..

Pinloche, A. (1914). *Geschichte des Philanthropinismus.* Leipzig.

Postman, N. 지음. 차동춘 옮김 (1999). 교육의 종말. 서울: 문예출판사.

Radde, G. (1973). *Fritz Karsen. Ein Berliner Schulreformer der Weimarer Zeit.* Berlin.

Radde, G. (Hrsg.) (1993) *Schulreform. Kontinuitäten und Brüche. Das Versuchsfeld Berlin-Neukölln 1945 bis 1972.* Berlin.

Reble, A. (1967). *Geschichte der Pädagogik.* Stuttgart.

Reddi, C. (1900). *Abbotsholme*. London.

Reddi, C. (1901). *John Bull. His Origin and Character*. London.

Reimer, E. 지음. 김석원 옮김 (1982). 인간 없는 학교. 서울: 도서출판 한마당.

Röhrs, H. (1977). *Die progressive Erziehungsbewegung. Verlauf und Auswirkung der Reformpädagogik in den USA*. Hannover/Berlin/Darmstadt/Dortmund.

Röhrs, H. (1980). *Die Reformpädagogik. Ursprung und Verlauf in Europa*. Frankfurt a.M..

Rosenberg, A. (1974). *Entstehung der Weimarer Republik*. Frankfurt a.M..

Rosenfield, L. C. (1984). *Condorcet Studies I. Society for Study of History of Philosophy*. History of Philosophy Series I.

Rousseau, J.-J. (1989). *Vollständige Ausgabe in neuer deutscher Fassung*, besorgt von Schmidts, L. Schönigh.

Rousseau, J.-J. (1993). *Preisschriften und Erziehungsplan*. Hrsg. von Röhrs, H.. Bad Heinbrunn/Obb..

Scheibe, W. (1969). *Die reformpädagogische Bewegung. 1900~1930*. Weinheim/Basel.

Scheuerl, H. (Hrsg.) (1979). *Klassiker der Pädagogik II. Von Karl Marx bis Jean Piaget*. München.

Schöllgen, G. (1991). *Das Zeitalter des Imperialismus*. München.

Schoenebeck, H. v. (1989). *Antipädagogik im Dialog. Eine Einführung in antipädagogisches Denken*. Weinheim/Basel.

Schoeps, H. J. (Hrsg.) (1968). *Zeitgeist der Weimarer Republik*. Stuttgart.

Schonig, B. (1973). *Irrationalismus als pädagogische Tradition. Die Darstellung der Reformpädagogik in der pädagogischen*

*Geschichtsschreibung*. Weinheim/Basel.

Schrader, K. (1928). *Die Erziehungstheorie des Philanthropismus. Versuch eines Systems*. Langensalza.

Schultheis, K. (1991). *Pädagogik als Lösungswissen. Eine biographische Analyse der pädagogischen Semantik Paul Oestreichs*. Bad Heilbrunn/Obb..

Schulze, H. (1994). *Weimar. Deutschland 1917~1933*. Berlin.

Schumann, R. (1905). *Die Auffassung des Philanthropinismus von Gesellschaft und Staat*. Leipzig.

Schutte, J. & Sprengel, P. (Hrsg.) (1997). *Die Berliner Moderne 1885~1914*. Stuttgart.

Seidelmann, K. (Hrsg.) (1966). *Die deutsche Jugendbewegung*. Bad Heilbrunn/Obb..

Seyfarth-Stubenrauch, M., & Skiera, E. (1996). *Reformpädagogik und Schulreform in Europa. Bd. I, II*. Hohengehren.

Sieferle, R. P. (1995). *Die Konservative Revolution. Fünf biographische Skizzen*. Frankfurt a.M..

Sienknecht, H. (1968). *Der Einheitsschulgedanke. Geschichtliche Entwicklung und gegenwärtige Problematik*. Weinheim/Basel.

Sturm, K. F. (1930). *Die pädagogische Reformbewegung der jüngsten deutschen Vergangenheit. Ihr Ursprung und Verlauf. Sinn und Ertrag*. Osterwick-Harz.

*Sünkel, W. (1970). Zur Entstehung der Pädagogik in Deutschland. Studien über die philanthropische Erziehungsrevision*. Maschinell geschriebene, nicht publizierte Habilitationsschrift. Münster.

Vondung, K. (Hrsg.) (1976). *Das Wilhelminische Bildungbürgertum. Zur Sozialgeschichte seiner Ideen*. Göttingen.

Wehler, H.-U. (1983). *Das Deutsche Kaiserreich 1871~1918.* Göttingen.

Wilhelm, Th. (1963). Der geschichtliche Ort der deutschen Jugendbewegung. In: Kindt, W. (Hrsg.) (1963). *Grundschriften der deutschen Jugendbewegung.* Düsseldorf/Köln.

Wolter, H. (Hrsg.) (1986). *Otto von Bismarck. Dokumente seines Lebens.* Frankfurt a.M..

Wyneken, G. (1920). *Der Kampf für die Jugend.* Jena.

# 찾아보기

## 인 명

## 내용

## 저자 소개

### 최재정

**약 력** 연세대학교에서 학사와 석사 학위를 취득하였다. 독일 뮌스터 대학교에서 교육학, 사회학, 철학을 (부)전공하였고, 2000년 박사학위 취득 후 현재 포천중문의과대학교 의학교육학과 교수로 재직 중이다. 주요 연구 관심은 독일 관념론의 교육학적 의미, 현대 서구의 다양한 교육사상의 흐름, 서구의 신교육운동, 대안교육(학교)운동 등이다.

**논 문**
니클라스 루만의 체계이론과 그 교육학적 수용의 문제
슐라이어마허의 교육론에 나타나는 '변증법'의 의미와 역할
J. 보드리야르의 '시뮬라시옹' 이론이 주는 교육학적 시사점의 탐색
J. G. 피히테의 '윤리론의 체계(1798)'에 나타나는 '행위주의(activism)'와 그 교육학적 의미

**저서 및 역서**
*Reformpädagogik als Utopie*
위대한 교육사상가들 VI(공저)
새로운 학교교육문화운동(공저)
교육학 연구의 논리(공저)

교육의 역사와 철학 시리즈 ⑧

# 개혁교육학

2008년 4월 25일 1판 1쇄 인쇄
2008년 4월 30일 1판 1쇄 발행

지은이 · 최 재 정
펴낸이 · 김 진 환
펴낸곳 · 학지사
121-837 서울특별시 마포구 서교동 352-29 마인드월드빌딩 5층
대표전화 · 02)326-1500 / 팩스 02)324-2345
홈페이지 · http://www.hakjisa.co.kr
등 록 · 1992년 2월 19일 제2-1329호

ISBN 978-89-7548-903-7 94370
ISBN 978-89-7548-823-8 (set)

정가 10,000원